KB054204

레전드

하루 3분
베트남어

레전드
하루 3분 베트남어

초판 발행   2020년 6월 30일
초판 인쇄   2020년 6월 20일

지은이   주가연
그림   김도사
감수   응웬 티 번 아잉 Nguyen Thi Van Anh
동영상 강의 도 히엔 타오 Đỗ Hiến Thảo
기획   김은경
편집   이지영 · Jellyfish
디자인   IndigoBlue

발행인   조경아
발행처   **랭**귀지**북**스
주소   서울시 마포구 포은로2나길 31 벨라비스타 208호
전화   02.406.0047   **팩스**   02.406.0042
이메일   languagebooks@hanmail.net
등록번호   101-90-85278   **등록일자** 2008년 7월 10일
홈페이지   www.languagebooks.co.kr
블로그   blog.naver.com/languagebook

ISBN   979-11-5635-133-7 (13730)
값   14,000원
ⓒLanguageBooks, 2020

이 도서의 국립중앙도서관 출판예정도서목록(CIP)은 서지정보유통지원시스템 홈페이지
(http://seoji.nl.go.kr)와 국가자료공동목록시스템(http://www.nl.go.kr/kolisnet)에서 이용하실 수 있습니다.
(CIP제어번호: CIP2020023149)

완전 쉽게! 즐겁게! 만만하게!
오늘부터 시작하는 **하루 3분 베트남어**

핵심을 짚어 주는 원포인트 베트남어!

베트남어는 간단한 단어로 쉽게 말하면 됩니다. 일상에서
많이 쓰는 베트남어 단어만으로 충분히 베트남 사람과 대화가
가능합니다. 다양한 상황에서 소통할 수 있게, 주제별로
포인트가 될 베트남어 단어만을 꼭 짚어 알려 드립니다.

3분 동영상 강의로 보고 듣는 베트남어!

베트남어는 어렵게 공부하면 바로 질립니다. 꾸준히 할 수 있는
하루 학습량이 중요한데, 타오 쌤의 동영상 강의를 딱 3분만
즐겨 보세요. 매일, 조금씩, 부담 없이 하다 보면, 어느 순간
베트남어가 들리고 말도 하게 됩니다.

바로 보고 이해하는 그림 베트남어!

베트남어는 알파벳만 봐도 어려울 수 있는데, 아무리 쉬운
단어도 막상 외우려면 머리가 아픕니다. 그림을 통해 상황을
연상하며, 베트남어로 말해 보세요. 직관적으로 이해하면
기억에 오래 남습니다.

〈레전드 **하루 3분 베트남어**〉 책과 강의를 통해,
베트남어가 만만해지길 바랍니다!

저자 주가연

1

상황별 카툰

카페에서 주문하는 내용부터
여행, 응급 상황까지
카툰으로 표현해, 직관적으로
단어와 회화를 익힐 수 있습니다.
그림과 함께 더 쉽고 재미있게
공부해 보세요.

2

한글 발음 & 해석

베트남어를 보고 바로 읽을 수
있도록, 베트남어 문장 아래에
한글 발음을 표기하였습니다.
하단에는 해석도 있어, 한 페이지
안에서 읽고 뜻을 이해하며,
동시에 말하는 연습이 가능합니다.

3
실전 회화 & 문화 Tip

저자가 베트남 유학과
생활에서 직접 익힌 회화와
문화 정보를 소개합니다.
쉬운 단어로 베트남 사람과
소통하는 방법, 처음 접하는
상황에서 베트남어로 대처할 수
있는 팁을 알려 드립니다.

베트남 음식점 이용 팁!

- 베트남에서는 일반적으로 음식점에 팁을 지불할 필요가 없습니다. 큰 음식점에서 테이블 전담 직원이 있는 경우에 팁을 지불하고 싶다면 5만 동(약 2,500원) 이내면 됩니다.

- 베트남 음식점에서는 보통 앉은자리에서 계산합니다. 그렇기 때문에 계산할 때도 앉은자리에서 직원을 부릅니다.

- 계산 시 음식점이 시끄럽거나 직원을 어떻게 불러야 할지 모르겠다면 직원과 눈이 마주쳤을 때 손으로 사인하는 제스처를 보이면 됩니다.

- 간혹 계산이 잘못되는 경우가 있기 때문에 영수증을 받으면 계산 내역을 확인하는 게 좋습니다.

- 테이블 위에 물티슈가 올려져 있다면 대부분 유료입니다. 보통 2천~3천 동(약 100~150원) 정도입니다.

- 베트남은 아직 카드 사용이 한국만큼 활성화되지 않은 나라이므로 큰 음식점을 가는 게 아니라면 현금을 준비해 가기를 권합니다.

- 베트남에서는 식사할 때 물보다 차를 더 많이 마십니다. 생수는 nước suối 느억 쑤오이, 따뜻한 차는 trà nóng 짜 넝, 시원한 차는 trà đá 짜 다라고 합니다.

4
동영상 강의

책에 있는 본문과 그림, 최신 현지
정보와 경험담이 있는 해설 강의입니다.
각 3분 내외로 부담 없이 익혀 보세요.

주제별 동영상은 랭귀지북스 유튜브 채널과
블로그에서 무료로 제공합니다.

5
원어민 MP3

원어민 전문 성우가 정확한 발음으로
녹음한 본문 회화 MP3를
다운로드하여, 자주 듣고 따라 하며
베트남어 실력을 높여 보세요.

□ 차례

1

맛집
Quán ăn ngon

2

휴대폰
Điện thoại di động

3

쇼핑
Mua sắm

4

교통
Giao thông

5

여행
Du lịch

6

일상 & 응급
**Cuộc sống thường ngày &
Trường hợp khẩn cấp**

7

기초 표현
Giao tiếp cơ bản

1 Xin chào.
씬 짜오.

안녕하세요.

2 Tạm biệt.
땀 비엣.

잘 가요.

3 Cảm ơn.
깜 언.

감사합니다.

4 Xin lỗi.
씬 로이.

죄송합니다. 실례합니다.

5 Bao nhiêu tiền?
바오 니에우 띠엔?

얼마예요?

6 Cái này là cái gì? 이건 뭐예요?
까이 나이 라 까이 지?

7 Cái này. 이거요.
까이 나이.

8 Đây. 여기요.
더이.

9 Giúp tôi với. 도와주세요.
쥽 또이 버이.

10 Tôi không nói được 베트남어를 못합니다.
tiếng Việt.

또이 콤 너이 드억 띠엥 비엗.

11 Tôi đến từ Hàn Quốc. 한국에서 왔습니다.
또이 덴 뜨 한 꾸옥.

등장인물

H Hiền 히엔

L Lâm 럼

 C cảnh sát 경찰관
까잉 쌀

 D dược sĩ 약사
즈억 씨

 HK hành khách 승객
하잉 카익

 KG khán giả 관람객
칸 자

 N người bán hàng 상인
응으어이 반 항

 người đi đường 행인
응으어이 디 드엉

NV nhân viên 직원
년 비엔

 nhân viên bán vé 매표원
년 비엔 반 배

 nhân viên hải quan 세관원
년 비엔 하이 꾸안

 NVHB nhân viên hãng bay 항공사 직원
년 비엔 항 바이

 NVLT nhân viên lễ tân 프런트 직원
년 비엔 레 떤

 NVSV nhân viên soát vé 검표원
년 비엔 쏘앝 배

 NVXNC nhân viên xuất nhập cảnh
년 비엔 쑤얻 녑 까잉
출입국 심사 직원

 T tài xế 운전기사
따이 쌔

 tiếp viên hàng không 승무원
띠엡 비엔 항 콩

 Y y tá 간호사
이 따

1

맛집
Quán ăn ngon

H: 아이스 라테 하나요.
NV: 어떤 사이즈요? / **H:** 작은 거요. (중간, 큰)
NV: 다른 건요? / **H:** 없어요.

Dùng ở đây hay mang đi ạ?
줌 어 더이 하이 망 디 아?

Mang đi.
망 디.

Quán cà phê

Tên gì ạ?
뗀 지 아?

Hiền.
히엔.

Tip. 카페 종업원이 내 이름을?

스타벅스와 같이 손님이 카운터에서 직접
주문하는 카페에서는 주문 마지막에 이름을
묻기도 합니다. 음료가 준비되면, 종업원이
그 이름을 부릅니다. 그래서 간단한 영어
이름이나 Kim 낌, Lee 리 같은 직원이
알아듣기 쉬운 성으로 얘기하면 편합니다.

NV: 여기서 드세요 아니면
가져가세요? / **H:** 가져가요.

NV: 성함이? / **H:** 히엔.

[**카페 메뉴** Thực đơn quán cà phê 특 던 꾸안 까 페]

cà phê 까 페 커피

- cà phê đen 까 페 댄 베트남 블랙커피 (커피+설탕)

- cà phê sữa 까 페 쓰어 베트남 연유 커피 (커피+연유)

- bạc xỉu 박 씨우 연유 커피 (연유가 더 많은 커피)

- cà phê cốt dừa 까 페 꼳 즈어 코코넛 스무디 커피

- cà phê trứng 까 페 쯩 계란 커피

- americano 아메리까노 아메리카노

- latte 라떼 카페라테

trà 짜 차

- trà hồng 짜 홍 홍차

- trà xanh 짜 싸잉 녹차

- trà sữa 짜 쓰어 밀크티

- trà đào 짜 다오 복숭아차

nước ép 느억 앱 생과일 주스

- nước cam 느억 깜 오렌지 주스

- nước dứa 느억 즈어 파인애플 주스

sinh tố 씽 또 과일 스무디

- sinh tố dâu 씽 또 저우 딸기 스무디

- sinh tố xoài 씽 또 쏘아이 망고 스무디

18

+ 추가 표현 +

➜ 종업원이 주문받을 때

따뜻하게요 아니면 차갑게요?

Nóng hay đá ạ?
넘 하이 다 아?

➜ 주문 시 또는 카운터에 요청 사항이 있을 때

샷 추가해 주세요.

Cho tôi thêm cà phê.
쩌 또이 템 까 페.

_ ống hút 옴 훗 빨대
_ cho thêm 쩌 템 리필, 추가
_ sữa ít béo 쓰어 잇 배오 저지방 우유
_ túi mang đi 뚜이 망 디 봉투

Tip. 베트남에서는 컵 홀더보다는
봉투를 쓸 일이 더 많습니다.

휘핑크림 빼 주세요.

Đừng cho kem nhé.
등 쩌 깸 내.

얼음 좀 주세요.

Cho tôi xin ít đá.
쩌 또이 씬 잇 다.

19

NV: 몇 분이세요? / **H:** 한 명이요. (둘, 셋, 넷)

NV: 주문하시겠어요? / **H:** 잠시만요.

H: 저기요!

H: 이거 주세요.

NV: 여기요. / H: 감사합니다.

NV: 다 드셨어요? / H: 네.
NV: 더 필요한 거 있으세요? / H: 아니요. 계산해 주세요.

* tổng cộng
똠 꼼 합계

✛ 추가 표현 ✛

➜ 뭐 먹을지 고민될 때

여기 무슨 음식이 맛있어요?

Ở đây món nào ngon?

어 더이 먼 나오 응언?

저 사람이 먹는 거 뭐예요? (테이블을 가리키며)

Món người kia đang ăn là gì?

먼 응으어이 끼어 당 안 라 지?

➜ 추가 주문 사항

계란은 어떻게 해 드려요?

Làm trứng thế nào ạ?

람 쯩 테 나오 아?

_ **trứng chín** 쯩 찐 완숙
_ **trứng lòng đào** 쯩 럼 다오 반숙
_ **trứng bác** 쯩 박 스크램블

물티슈 주세요.

Cho tôi khăn lạnh.

쩌 또이 칸 라잉.

냅킨 주세요.

Cho tôi khăn giấy.

쩌 또이 칸 저이.

NV: 무엇을 드시겠어요? /
L: 치즈버거 하나요.
NV: 콤보(세트)로 하시겠어요? /
L: 아니요.

Tip. 세트 메뉴를 주문하고 싶을 때 한국처럼 '치즈버거 세트'라고 주문해도 말은 통하지만, 베트남에서는 'combo 꼼 보'라는 단어를 많이 사용합니다.

NV: 마실 건요? / L: 콜라 주세요. (사이다. 오렌지 주스, 물)

NV: 사이드 메뉴는요? / L: 애플파이 주세요.

NV: 15분 기다려 주세요. / L: 알겠어요.

NV: 여기서 드세요 아니면 가져가세요? /
L: 여기서요.

NV: 총 65,000(동)입니다. /
L: 카드로 할게요. (현금)

NV: 음료는 가져다 드세요.

Tip. 밥도 파는 패스트푸드점!
베트남 패스트푸드점에는 밥을
팝니다. 밥과 함께 치킨이나
구운 고기, 달걀 프라이 등이
나오는 세트가 있습니다.

+ 추가 표현 +

➜ 세트 메뉴 주문할 때

1번 콤보(세트)로 주세요.

Cho tôi một combo số 1.

쩌 또이 몯 꼼 보 쏘 몯.

Tip. 주문이 어려우면 계산대에서 세트 메뉴 사진을 보고 고른 후
번호로 말하세요.

빅맥 세트 주세요.

Cho tôi một set Big Mac.

쩌 또이 몯 쎋 빅 막.

감자튀김 사이즈업해 주세요.

Đổi thành khoai tây chiên lớn.

도이 타잉 코아이 떠이 찌엔 런.

➜ 기타 주문 요청

버거를 반으로 잘라 주세요.

Cắt burger làm đôi nhé.

깓 버 거 람 도이 내.

양파 빼 주세요.

Không hành tây.

콤 하잉 떠이.

H: 저기요, 메뉴 주세요. / **NV:** 네, 여기요.

NV: 뭐 드시겠어요? / **H:** 익힌 소고기 쌀국수 하나요.

NV: 음료는 무엇으로 하시겠어요? /
H: 시원한 차요.

NV: 여기 있습니다. /
H: 감사합니다.

Tip. 음식점에서 물 대신 냉차!

trà đá 짜 다는 베트남 음식점에서
생수 대신 주로 마시는 냉차입니다.
시원하고 깔끔한 맛이라 갈증
해소에도 좋습니다.

[쌀국수 종류]

phở 퍼 쌀국수

- **phở bò tái** 퍼 버 따이 덜 익힌 소고기 쌀국수

- **phở bò chín** 퍼 버 찐 익힌 소고기 쌀국수

- **phở nạm** 퍼 남 소 옆구릿살 쌀국수

- **phở gầu** 퍼 거우 지방이 많은 소 옆구릿살 쌀국수

- **phở gân** 퍼 건 힘줄이 있는 소고기 쌀국수

- **phở bò viên** 퍼 버 비엔 소고기 완자 쌀국수

- **phở gà** 퍼 가 닭고기 쌀국수

tương 뜨엉 소스

- **tương ớt** 뜨엉 얻 칠리소스

- **tương đen** 뜨엉 댄 해선장

+ 추가 표현 +

➜ 고수 관련 표현

고수 빼 주세요.

Không rau mùi.

콤 자우 무이.

고수 많이 주세요.

Cho nhiều rau mùi.

쩌 니에우 자우 무이.

➜ 그 외 요청 사항

숙주 데쳐 주세요.

Cho giá trần

쩌 자 쩐.

숙주 더 주세요.

Cho thêm giá.

쩌 템 자.

국물 많이 주세요.

Cho nhiều nước dùng.

쩌 니에우 느억 줌.

H: 어떤 스무디가 가장 잘 나가요? / NV: 망고 스무디요.

NV: 그런데 지금 다 나갔어요. / H: 그럼 타로 밀크티 하나 주세요.

NV: 네, 설탕 조금이요 많이요? / **H:** 많이요.

H: 타피오카 펄 추가해 주세요.

[과일 종류]

- xoài 쏘아이 망고

- măng cụt 망 꿋 망고스틴

- chuối 쭈오이 바나나

- dâu tây 저우 떠이 딸기

- sầu riêng 써우 지엥 두리안

- dừa 즈어 코코넛

- dứa 즈어 파인애플 (남부는 Thơm 팀)

- đu đủ 두 두 파파야

- thanh long 타잉 렁 용과

- chanh leo 짜잉 래오 / chanh đây 짜잉 더이 패션프루트 (백향과)

- chanh 짜잉 레몬

- cam 깜 오렌지

- dưa hấu 즈어 허우 수박

- táo 따오 사과

+ 추가 표현 +

➡ 과일 음료

_ Sinh tố 씽 또 + 과일 이름 : 스무디
_ Nước 느억 + 과일 이름 : 주스

<u>망고 스무디</u> 하나 주세요.

Cho tôi một <u>sinh tố xoài</u>.
쩌 또이 못 씽 또 쏘아이.

<u>오렌즈 주스</u> 두 개 주세요.

Cho tôi hai <u>nước cam</u>.
쩌 또이 하이 느억 깜.

➡ 과일 상태 묻기

달아요?

Ngọt không?
응얻 콤?

익었어요?

Chín chưa?
찐 쯔어?

아삭해요?

Giòn không?
전 콤?

➡ 기타 요청

잘라 주세요.

Cắt ra giùm.
깓 자 줌.

35

L: 사이공 맥주 있어요? (생맥주) / NV: 네, 있어요.
NV: 캔으로요 아니면 병으로요? / L: 두 병 주세요.

L & H: 하나, 둘, 셋, 짠!
L: 한 병 더 주세요. / NV: 네.

L: 내가 낼게요. / H: 고마워요.

L: 계산이요. / NV: 잠시만요.

[**맥주 안주** đồ nhắm bia]

- khoai tây chiên 코아이 떠이 찌엔 감자튀김

- xúc xích 쑥 씩 소시지

- phô mai que 포 마이 꾸애 치즈 스틱

- lạc rang 락 장 볶은 땅콩

+ 추가 표현 +

➜ 시원한 맥주가 마시고 싶을 때

얼음 넣은 잔 주세요.

Cho tôi một ly đá.

쩌 또이 몯 리 다.

시원한 맥주 주세요.

Cho tôi bia lạnh.

쩌 또이 비어 라잉.

Tip. 베트남은 맥주를 시원하게 즐기기 위해서 얼음을 넣어 마시기도 합니다.

➜ 취했어요?

취했어요.

Say rồi.

싸이 조이.

아직 안 취했어요.

Chưa say.

쯔어 싸이.

〈 온라인 예약 〉

• Đặt bàn 닫 반
  예약하기

↓

• Ngày 응아이 / Giờ 저 / Số người 쏘 응으어이
  날짜 / 시간 / 인원

📅 2020-11-11	🕐 18:00	👤 2

↓

• Họ 허 / Tên 뗀 / Số điện thoại 쏘 디엔 토아이 / Email 이메오
성 / 이름 / 전화번호 / (예약 확인을 받을) 이메일

- Yêu cầu đặc biệt 이에우 꺼우 닥 비엗
특별 요청(반드시 입력할 필요 없음)

Lâm	Lee
+82-10-1111-1111	abcd@gmail.com

↓

• Đặt bàn thành công 닫 반 타잉 꼼
예약 완료

↓

• Xác nhận đặt bàn 싹 년 닫 반
예약 확인

〈 예약 없이 〉

NV: 예약하셨나요? / **H:** 아니요.

NV: 지금은 자리가 없습니다.

H: 지금 (대기) 신청할게요.

NV: 실내에 앉으시겠어요 아니면 야외요? / **H:** 야외요.

H: 오래 기다려야 돼요? / **NV:** 30분 정도요.

[메뉴판 보기]

주재료

- thịt bò 틷 버 소고기

- thịt lợn 틷 런 돼지고기 (남부는 thịt heo 틷 해어)

- thịt gà 틷 가 닭고기

- trứng 쯩 계란

- cá 까 생선

- tôm 똠 새우

- tua 꾸어 게

- mực 윽 오징어

조리법

- nướng 느엉 굽다

- trộn 쫀 섞다, 버무리다

- rang 장 / xào 싸오 볶다

- chiên 찌엔 / rán 잔 튀기다

- hấp 헙 찌다

- luộc 루옥 삶다

- kho 커 졸이다

베트남 음식점 이용 팁!

- 베트남에서는 일반적으로 음식점에서 팁을 지불할 필요가 없습니다.
  큰 음식점에서 테이블 전담 직원이 있는 경우에 팁을 지불하고 싶다면
  5만 동(약 2,500원) 이내면 됩니다.

- 베트남 음식점에서는 보통 앉은자리에서 계산합니다. 그렇기 때문에
  계산할 때도 앉은자리에서 직원을 부릅니다.

- 계산 시 음식점이 시끄럽거나 직원을 어떻게 불러야 할지 모르겠다면
  직원과 눈이 마주쳤을 때 손으로 사인하는 제스처를 보이면 됩니다.

- 간혹 계산이 잘못되는 경우가 있기 때문에 영수증을 받으면
  계산 내역을 확인하는 게 좋습니다.

- 테이블 위에 물티슈가 올려져 있다면 대부분 유료입니다.
  보통 2천~3천 동(약 100~150원) 정도입니다.

- 베트남은 아직 카드 사용이 한국만큼 활성화되지 않은 나라이므로
  큰 음식점을 가는 게 아니라면 현금을 준비해 가기를 권합니다.

- 베트남에서는 식사할 때 물보다 차를 더 많이 마십니다.
  생수는 nước suối 느억 쑤오이, 따뜻한 차는 trà nóng 짜 넝,
  시원한 차는 trà đá 짜 다라고 합니다.

2

휴대폰
Điện thoại di động

해외여행 필수 앱!

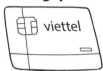

L: 심카드 하나 주세요. / **N:** 어떤 통신사로요?

L: 비엣텔이요. 5일짜리 요금제 있어요? (1주일, 한 달) /
N: 이 요금제 어때요? 데이터, 통화, 문자 무제한이에요.

48

Tip. 해외에서 휴대폰을 사용하려면?

현지 심카드나 포켓 와이파이를 사용합니다. 한국에서
미리 온라인 주문하여 가져갈 수도 있고, 온라인으로
신청한 후 공항에서 수령 또는 대여할 수도 있습니다.
심카드 교체 시, 전화번호가 바뀌어 본인 인증이나
원래의 번호로 통화가 불가능하므로 주의합니다.

L: 얼마예요? /
N: 29만(동)이에요.

L: 이걸로 주세요. /
N: 네, 여권 보여 주세요.

49

H: 여기 와이파이 있나요? / N: 네, 있어요.

H: 신호가 많아요. 이느 거예요? / N: Highlands입니다.

Sóng Wi-Fi yếu.
썸 와이 파이 이에우.

Trời ơi! Wi-Fi này chậm quá.
쩌이 어이! 와이 파이 나이 쩜 꾸아.

Tệ quá! Mất mạng rồi.
떼 꾸아! 멀 망 조이.

H: 신호가 약하네.
H: 어휴! 이 와이파이 완전 느리다.
H: 최악이다! 연결이 끊겼어.

+ 추가 표현 +

➡ 요금제 관련 질문

무슨 요금제 써요?

Bạn dùng gói cước nào?

반 줌 거이 끄억 나오?

* gói cước 요금제

➡ 심카드 교체할 때

심카드 어떻게 교체해요?

Thay sim thế nào?

타이 씸 테 나오?

심카드 교체 핀 있어요?

Có que chọc sim không?

꺼 꾸애 쩝 씸 콤?

Tip. '심카드 교체 핀'은 que chọc sim 꾸애 쩝 씸 혹은
cây lấy sim 꺼이 러이 씸이라고 합니다.

➡ 와이파이 존을 찾아서

여기 와이파이 있어요?

Ở đây có Wi-Fi không?

어 더이 꺼 와이 파이 콤?

와, 여기가 와이파이 더 잘 잡혀요.

Ồ, Wi-Fi ở đây mạnh hơn.

오, 와이 파이 어 더이 마잉 헌.

> Bạn có dùng Facebook không?
> 반 꺼 줌 페이 북 콤?

> Có.
> 꺼.

> Tôi thường đăng ảnh lên Facebook.
> 또이 트엉 당 아잉 렌 페이 북.

> Ồ, hay đấy.
> 오, 하이 더이.

H: 페이스북 해요? / L: 네.

L: 페이스북에 자주 사진을
   올려요. /

H: 오, 좋네요.

Tip. 베트남에서 많이 쓰는 메신저!

베트남에서 가장 많이 쓰는 메신저는 Zalo 잘로
입니다. 다른 메신저처럼 단체 채팅방, 게시물
기능이 있습니다. 그 외에 Viber 바이버,
페이스북 메신저를 많이 씁니다.

L: 페이스북에 친구 추가해 줘요.
L: 페이스북 이름이 뭐예요? / A: 히엔.

* tìm kiếm 띰 끼엠
조회, 검색

55

Để tôi tìm thử.
데 또이 띰 트.

Q hiền ✕

Hiền Lee
Seoul, Hàn Quốc

Đây là bạn à?
더이 라 반 아?

Đúng rồi. Tôi đấy.
둥 조이. 또이 더이.

L: 찾아 볼게요.

L: 이게 당신이에요? / **H:** 맞아요. 저예요.

Anh chụp giúp tôi được không ạ?
아잉 쯥 줍 또이 드억 콤 아?

Dạ, được.
자, 드억.

Tôi muốn chụp với cảnh này.
또이 무온 쯥 버이 까잉 나이.

Biết rồi.
비엗 조이.

chụp toàn thân 쯥 또안 턴 /
chụp chân dung 쯥 쩐 줌

H: 사진 좀 찍어 주실 수 있어요? / N: 그럼요.

H: 이 배경이랑 같이 찍고 싶어요. (전신 샷, 상반신 샷) / N: 알겠어요.

H: 사진이 조금 흐려요.
H: 한 번 더 찍어 주세요. /
N: 네.
H: 정말 감사합니다.

+ 추가 표현 +

➜ 사진을 찍기 전에 물어보기

여기서 사진 찍어도 되나요?

Tôi chụp ở đây được không?
또이 쭙 어 더이 드억 콤?

이거 사진 찍어도 되나요?

Tôi chụp cái này được không?
또이 쭙 까이 나이 드억 콤?

➜ 사진 찍기 전에 확인하기

사진 촬영 금지

Cấm chụp ảnh
껌 쭙 아잉

플래시 금지

Cấm bật đèn flash
껌 벋 댄 플랟

Tip. 사진을 찍을 수 있는 미술관, 박물관이라도 대부분 플래시를 사용하면 안 됩니다. 사진 찍기 전, 미리 카메라 설정을 확인하세요!

→ 조금만 움직이면 인생샷!

오른쪽 / 왼쪽으로 조금만 가세요.

Qua bên phải / bên trái một chút.
꾸아 벤 파이 / 벤 짜이 몯 쭏.

한 발 앞으로 / 뒤로 가세요.

Bước lên / Lùi lại một bước.
브억 렌 / 루이 라이 몯 브억.

→ 함께 사진 찍고 싶은 사람에게

우리 같이 사진 찍어요.

Chúng ta cùng chụp nhé.
쭝 따 꿈 쭙 냬.

→ 인생샷을 건졌다면?

이건 내 인생샷이야.

Đây là bức ảnh để đời của tôi.
더이 라 븍 아잉 데 더이 꾸어 또이.

Tip. bức ảnh để đời는 잘 나왔거나 인상적이거나 혹은
본인에게 기념이 되는 사진을 의미합니다.

A lô, ai đấy?
알 로, 아이 더이?

Hiền đây.
히엔 더이.

Ô, số điện thoại của bạn à?
오, 쏘 디엔 토아이 꾸어 반 아?

Đúng rồi.
Tôi mới đổi số rồi.
둠 조이. 또이 머이 도이 쏘 조이.

L: 여보세요, 누구세요? / H: 히엔이에요.

L: 오, 이거 당신 전화번호예요? / H: 맞아요. 번호 바꿨어요.

* Số không
  xác định
  모르는 번호

62

+ 추가 표현 +

➜ 담당자와 통화하고 싶을 때

히엔과 통화할 수 있나요?

Cho tôi gặp Hiền được không?

쩌 또이 갑 히엔 드억 콤?

저예요.

Tôi nghe. / Tôi đây.

또이 응애. / 또이 더이.

통화 중입니다.

Máy bận.

마이 번.

➜ 전화를 끊거나 다시 해야 할 때

내가 나중에 전화할게요.

Tôi sẽ gọi lại sau.

또이 쌔 거이 라이 싸우.

➜ 휴대폰 모드

휴대폰을 진동 / 무음 모드로 해 놨어요.

Tôi để điện thoại chế độ ở rung / im lặng.

또이 데 디엔 토아이 쩨 도 어 줌 / 임 랑.

H: 배터리가 거의 다 됐어요.

H: 충전기 있어요? (보조 배터리) / **L:** 네.

H: 여기 콘센트 있어요? / **L:** 저기예요.

Có ba cuộc gọi nhỡ.
Bây giờ tôi phải đi.
꺼 바 꾸옥 거이 녀.
버이 저 또이 파이 디.

9:15

Thứ Sáu, 24 tháng 5
Cuộc gọi nhỡ (3)

Nhắn tin đi.
냔 띤 디.

Ô, tôi trả lại cái này làm sao?
오, 또이 짜 라이 까이 나이 람 싸오?

L: 부재중 3통이네. 나 지금 가야 돼요.
H: 오, 이거 어떻게 돌려줘요? / L: 문자해요.

* thứ sáu 트 싸우 금요일
tháng 5 탕 남 5월

65

H: 길을 잃었어.

H: 실례합니다, 시장이 어디예요? (박물관, 쇼핑센터, 교회, 공원) /

N: 저도 여기 처음 왔어요.

N: 잠시만요. 오, 이 근처예요. / H: 그래요? 다행이에요!

N: 교차로까지 직진하세요.

N: 그리고 나서 좌회전하세요. (우회전)

해외여행 필수 앱!

1. 길 찾기 앱: 구글 맵스(Google Maps)

- 자동차, 대중교통, 도보 경로를 안내합니다.

- 인터넷이 안 될 경우를 대비해 미리 여행 지역
  지도를 다운받을 수 있는 '오프라인 지도'
  서비스도 있습니다.

- 현 위치에서 필요한 시설(식당, 바, 숙소 등)을 검색하면 주변에 있는
  가게를 보여 줍니다. 평점과 리뷰를 참고해 원하는 곳을 선택합니다.

2. 숙박 앱: 에어비앤비(Airbnb)

- 현지인이 사는 방이나 집을 공유, 대여하는
  서비스입니다. 그렇기 때문에 특별한 경험이
  될 수도 있습니다.

- 여행지를 입력하여 마음에 드는 숙소의 위치, 사진, 리뷰, 청소비,
  환불 정책 등을 꼼꼼히 확인하고 예약 신청을 합니다.

- 설정에서 '여행지 통화 단위'로 변경 후 결제하면 환율 수수료가
  이중으로 부과되지 않습니다.

* Ứng dụng du lịch
응 줌 주 릭 여행 앱

3. 여행 앱: 트립어드바이저(TripAdvisor)

- 전 세계의 여행 정보와 후기가 담겨 있는
  앱입니다. 호텔, 음식점, 즐길거리, 투어 등
  다양한 정보를 한눈에 볼 수 있습니다.

- 추천 스티커가 붙어 있는 호텔이나 음식점을
  위주로 참고하면 좋습니다.

- 식당에 대한 정보가 풍부하니 맛집이 어딘지 모르겠을 때 주변
  식당의 후기를 살핀 후 방문해 보는 것도 좋습니다.

4. 번역 앱: 구글 번역(Google Translate)

- 전 세계적으로 많이 쓰는 번역 앱입니다.

- 일부 언어에 한해서 음성 인식 번역, 사진에 있는
  글자 번역 기능을 지원합니다.

3

쇼핑
Mua sắm

Chào chị. Chị cần gì ạ?
짜오 찌. 찌 껀 지 아?

Cứ để tôi ngắm.
끄 데 또이 응암.

Áo này có màu trắng không?
아오 나이 꺼 마우 짱 콤?

màu đen /
마우 덴
màu xám
마우 쌈

Dạ, cỡ nào ạ?
자, 꺼 나오 아?

Cỡ M.
꺼 애 머.

NV: 안녕하세요. 무엇이 필요하세요? / H: 그냥 볼게요.

H: 이 옷 흰색으로 있어요? (검은색, 회색) / NV: 네, 무슨 사이즈요?

H: M (중간) 사이즈요.

72

H: 입어 봐도 돼요? / NV: 그럼요.

H: 탈의실이 어디예요? / NV: 이쪽으로 오세요.

Anh đang tìm gì ạ?
아잉 당 띰 지 아?

Tôi đang tìm giày sneaker.
또이 당 띰 자이 스 니 꺼.

giày thể thao /
자이 테 타오
dép lê 잽 레

Mẫu này thế nào ạ?
머우 나이 테 나오 아?

Ổ, tôi thích đôi này.
오, 또이 틱 도이 나이.

NV: 무엇을 찾으세요? / **L:** 스니커즈요. (운동화, 슬리퍼)

NV: 이 디자인 어때요? / **L:** 오, 이 신발 좋네요.

Tip. 베트남 신발 사이즈 표
베트남에서는 보통 유럽 신발 사이즈로 표기합니다.

한국		230	235	240	250	260	270	280
유럽 (EU)	남	38	39	40	41	42	43	44
	여	37	37.5	38	39	40	41	42

L: 43 사이즈 신어볼 수 있어요? / NV: 죄송하지만 그 사이즈는 없어요.

NV: 42 사이즈는 어떠세요?

L: 맞아요. (작은, 큰)

Tôi muốn mua nước hoa hồng.
또이 무온 무어 느윽 호아 홈.

kem dưỡng /
깸 즈엉
kem chống nắng
깸 쫑 낭

Cái nào bán chạy nhất?
까이 나오 반 짜이 녇?

Cái này ạ.
까이 나이 아.

Hợp với da dầu không?
헙 버이 자 저우 콤?

Dạ, hàng này dành cho mọi loại da ạ.
자, 항 나이 자잉 쩌 머이 로아이 자 아.

da khô 자 코 /
da nhạy cảm
자 냐이 깜

H: 토너를 사고 싶은데요. (크림, 선크림)

H: 뭐가 잘 나가요? / NV: 이거요.

H: 지성 피부에 괜찮아요? (건성 피부, 민감성 피부) / NV: 네, 모든 피부용이에요.

H: 써 볼 수 있어요? / NV: 네, 이 테스터 써 보세요.
NV: 어떠세요? / H: 약간 끈적거려요.

+ 추가 표현 +

➜ 사이즈에 대해 말할 때

저는 보통 <u>작은</u> / <u>중간</u> / <u>큰</u> 사이즈를 입어요.

Tôi thường mặc cỡ S / M / L.

또이 트엉 막 꺼 앨 / 애 머 / 애 러.

더 <u>작은</u> / <u>큰</u> 사이즈 있어요?

Có cỡ <u>nhỏ hơn</u> / <u>lớn hơn</u> không?

꺼 꺼 녀 헌 / 런 헌 콤 ?

➜ 어떤 물건을 보고 싶을 때

저거 보여 주세요.

Cho tôi xem cái kia.

쩌 또이 쌤 까이 끼어.

➜ 매장 위치를 물어볼 때

편의점은 어디에 있어요?

Cửa hàng tiện lợi ở đâu?

끄어 항 띠엔 러이 어 더우?

전자 제품 매장은 몇 층인가요?

Khu bán đồ điện tử ở tầng mấy?

쿠 반 도 디엔 뜨 어 떵 머이?

➡ 진열용이 아닌 물건으로 요청할 때

새것 있어요?

Có cái mới không?

꺼 까이 머이 콤?

죄송하지만, 마지막 물건입니다.

Xin lỗi, đó là cái cuối cùng.

씬 로이, 더 라 까이 꾸오이 꿈.

품절됐어요.

Hết hàng rồi.

헬 항 조이.

➡ 할인 상품을 확인할 때

이거 할인하나요?

Cái này được giảm không?

까이 나이 드억 잠 콤?

20% 할인입니다.

Giảm hai mươi phần trăm.

잠 하이 므어이 펀 짬.

Quầy thu ngân ở đâu?
꾸어이 투 응언 어 더우?

Ở tầng dưới ạ.
어 떵 즈어이 아.

tầng trên
떵 쩬

Tổng cộng là tám trăm năm mươi bốn nghìn đồng.
똥 꼼 라 땀 짬 남 므어이 본 응인 돔.

854.000đ

H: 계산대가 어디예요? / **NV:** 아래층이요. (위층)

NV2: 총 85만 4천 동입니다.

H: 할인된 가격이죠? / NV2: 네, 맞아요.

NV2: 비밀번호 입력하세요.

NV2: 여기 사인해 주세요.

NV2: 영수증입니다.

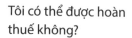

Tôi có thể được hoàn thuế không?
또이 꺼 테 드억 호안 투에 콤?

Dạ, cho tôi xem hộ chiếu.
자, 쩌 또이 쌤 호 찌에우.

Đây là đơn xin hoàn thuế.
Điền vào đơn này rồi đưa ra sân bay nhé.
더이 라 던 씬 호안 투에.
디엔 바오 던 나이 조이 드어 자 썬 바이 내.

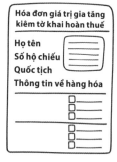

Hóa đơn giá trị gia tăng kiêm tờ khai hoàn thuế

Họ tên
Số hộ chiếu
Quốc tịch
Thông tin về hàng hóa

H: 세금 환급받을 수 있어요? /
NV: 네, 여권 보여 주세요.

NV: 세금 환급 신청서입니다.
이거 작성해서 공항에 제출하세요.

* hóa đơn giá trị gia tăng kiêm tờ khai hoàn thuế 세금 환급 신청서
họ tên (전체) 이름
số hộ chiếu 여권 번호
quốc tịch 국적
thông tin về hàng hóa 물건 정보

+ 추가 표현 +

➜ 가격 흥정할 때

깎아 주실 수 있어요?

Bớt cho tôi được không?

벋 쩌 또이 드억 콤?

깎아 주세요.

Bớt cho tôi một chút.

벋 쩌 또이 몯 쭏.

➜ 가격, 할인, 쿠폰 사용 등을 확인할 때

이거 비싸네요 / 싸네요.

Cái này đắt / rẻ.

까이 나이 닫 / 재.

세일 가격이 아니에요.

Giá này chưa giảm.

자 나이 쯔어 잠.

할인된 가격으로 계산을 안 하셨어요.

Em chưa tính giá giảm.

앰 쯔어 띵 자 잠.

Phiếu giảm giá

이 할인 쿠폰 쓸 수 있어요?

Tôi có thể dùng phiếu giảm giá này không?

또이 꺼 테 줌 피에우 잠 자 나이 콤?

* phiếu giảm giá 피에우 잠 자
할인 쿠폰

L: 환불하고 싶어요.

NV: 영수증 있으세요? / L: 네, 여기요.

NV: 오, 이거 세일 상품이에요.

NV: 죄송합니다. 환불이 안 돼요.

L: 흠이 있는데요. / NV: 음...

Tip. 재고 정리

'xả kho 싸 커', 'thanh lý 타잉 리'는 재고
정리를 한다는 의미입니다. 보통 큰 폭으로
세일을 하니 관심이 있다면 들어가 보세요.
다만 대부분 교환이나 환불이 안 됩니다.

L: 교환하고 싶어요.
NV: 다른 물건으로 가져오세요. /
L: 고마워요.

+ 추가 표현 +

➔ 반품 및 환불이나 교환할 때

반품하고 싶어요.

Tôi muốn trả hàng.

또이 무온 짜 항.

차액을 환불받을 수 있을까요?

Tôi có thể lấy lại tiền thừa được không?

또이 꺼 테 러이 라이 띠엔 트어 드억 콤?

교환·환불 기간은 얼마 동안인가요?

Đổi trả hàng trong bao lâu?

도이 짜 항 쩜 바오 러우?

구입일로부터 일주일이요.

Một tuần kể từ ngày mua ạ.

몯 뚜언 께 뜨 응아이 무어 아.

교환·환불 기한이 다됐습니다.

Hết thời hạn đổi trả hàng.

헫 터이 한 도이 짜 항.

영수증이 없으면 교환·환불이 불가합니다.

Nếu không có hóa đơn thì không thể đổi trả hàng được.

네우 콤 꺼 호아 던 티 콤 테 도이 짜 항 드억.

〈 고객 센터 이메일 〉

Chào anh / chị.
짜오 아잉 / 찌.

Tôi là Hiền. Mã đặt hàng của tôi là 12345.
또이 라 히엔. 마 닫 항 꾸어 또이 라 몯 하이 바 본 남.

Hàng của tôi bị hư hỏng.
항 꾸어 또이 비 흐 험.

Tôi muốn trả hàng và hoàn tiền.
또이 무온 짜 항 바 호안 띠엔.

Tôi có gửi kèm ảnh.
또이 꺼 그이 깸 아잉.

Sau khi kiểm tra hàng, làm ơn liên lạc lại giúp tôi.
싸우 키 끼엠 짜 항, 람 언 리엔 락 라이 줍 또이.

Mong thư hồi âm.
멈 트 호이 엄.

Cảm ơn.
깜 언.

Hiền.
히엔.

안녕하세요.

저는 히엔입니다. 제 주문 번호는 12345입니다.

상품이 파손되었습니다.

반품하고 환불을 받고 싶습니다.

사진을 첨부합니다.

확인 후에 저에게 다시 연락 주세요.

답장 기다리겠습니다.

감사합니다.

히엔.

Tip. 남·여 호칭

'Chào + 호칭'으로 인사를 하는데,
받는 이의 성별에 따라 남자 호칭 anh,
여자 호칭 chị를 쓰면 됩니다.

+ 추가 표현 +

➜ 기타 불만 사항

제품을 아직 못 받았어요.

Tôi chưa nhận được hàng.
또이 쯔어 년 드억 항.

주문을 취소하고 싶어요.

Tôi muốn hủy đơn hàng.
또이 무온 후이 던 항.

다른 물건이 왔어요.

Hàng mang đến không đúng.
항 망 덴 콤 둠.

더 새것으로 받고 싶어요.

Tôi muốn đổi hàng mới hơn.
또이 무온 도이 항 머이 헌.

➜ 쇼핑 사이트에서 유용한 단어

_ **đăng nhập** 당 녑 로그인
_ **đăng ký** 당 끼 가입
_ **đặt hàng** 닫 항 주문
_ **số lượng** 쏘 르엉 개수, 수량
_ **giá** 자 가격
_ **giảm giá** 잠 자 할인
_ **khuyến mãi** 쿠이엔 마이 프로모션
_ **thanh toán** 타잉 또안 결제
_ **giao hàng** 자오 항 배송
_ **thời gian dự kiến giao hàng** 터이 잔 즈 끼엔 자오 항 예상 배송일
_ **liên hệ** 리엔 헤 연락처 (고객 센터)

쇼핑 리스트!

• quần áo 꾸언 아오 옷

• quần 꾸언 바지

• áo phông 아오 폼 / áo thun 아오 툰 티셔츠

• áo sơ mi 아오 써 미 셔츠

• váy 바이 치마

• vớ 버 / tất 떧 양말

• găng tay 강 따이 장갑

• đồ lót 도 럳 속옷

• đồ bơi 도 버이 수영복

• giày 자이 신발

• túi 뚜이 가방

• ví 비 지갑

• khẩu trang 커우 짱 마스크

- **đồ trang sức** 도 짱 쏙 액세서리
- **dây chuyền** 저이 쭈이엔 목걸이
- **vòng tay** 범 따이 팔찌
- **bông tai** 봄 따이 / **hoa tai** 호아 따이 귀걸이
- **nhẫn** 년 반지

- **mỹ phẩm** 미 펌 화장품
- **sữa rửa mặt** 쓰어 즈어 맏 클렌징폼
- **dưỡng da** 즈엉 자 기초화장
- **trang điểm** 짱 디엠 색조 화장
- **son môi** 썬 모이 립스틱
- **sơn móng tay** 썬 멈 따이 매니큐어
- **nước hoa** 느억 호아 향수

4

교통
Giao thông

H: 34번 버스 정류장이 어디예요? / N: 두 블록 가면 돼요.

H: 멀어요? / N: 안 멀어요.

H: 이 방향이에요? / N: 맞아요.

* trạm xe buýt 짬 쌔 부잍
  버스 정류장

H: 이 버스 시내로 가는 거 맞죠? /
NV: 네.

H: 표 얼마예요? / NV: 6천 동이요.

Tip. 안내원이 있는 베트남 버스

베트남 버스에는 운전기사 외에
돈을 받고 버스표를 주는 직원이 따로
있습니다. 버스에 올라 자리에 앉아
있으면 직원이 요금을 받으러 옵니다.

95

H: 몇 정거장 더 가야 호안끼엠 호수예요? / NV: 세 정거장이요.

H: 내릴게요.

Tip. 하차 벨이 없는 버스에서는?

베트남 일부 지역의 버스는 하차 벨이 없는 경우도 있습니다. 그럴 땐 버스 직원에게 얘기하고 내립니다.

호안끼엠 호수까지 어떻게 가요?

Đến hồ Hoàn Kiếm đi thế nào?

덴 호 호안 끼엠 디 테 나오?

호안끼엠 호수는 이 길로 가는 게 맞나요?

Hồ Hoàn Kiếm đi đường này phải không?

호 호안 끼엠 디 드엉 나이 파이 콤?

어떤 버스가 호안끼엠 호수로 가나요?

Xe buýt nào đi hồ Hoàn Kiếm?

쌔 부읻 나오 디 호 호안 끼엠?

호안끼엠 호수에 가려면, 어느 정류장에서 내려야 하나요?

Muốn đến hồ Hoàn Kiếm, tôi phải xuống trạm nào?

무온 덴 호 호안 끼엠, 또이 파이 쑤옹 짬 나오?

Tip. 하노이 노이바이 공항에서 시내까지는 86번 버스(3만 5천 동, 약 1,800원),
호찌민 떤선녓 공항에서 시내까지는 109번 버스(2만 동, 약 1,000원)를 이용할
수 있습니다. (2020년 기준)

T: 어디 가세요? / L: 호안끼엠 호수요.

T: 안전벨트 매세요.

L: 길이 막히네!

L: 거기까지 얼마나 걸려요? / T: 20분 정도요.

L: 여기 세워 주세요.

L: 거스름돈은 가지세요.

A lô.
알로.

Chị đặt Grab xe máy đúng không?
찌 닫 그랍 쌔 마이 둠 콤?

Dạ.
자.

Số mấy Hai Bà Trưng?
쏘 머이 하이 바 쯩?

Hai trăm mười.
하이 짬 므어이.

H: 여보세요. /
T: 그랩 오토바이 잡으셨죠? / H: 네.
T: 하이바쯩 거리 몇 번지예요? /
H: 210이요.

Tip. 오토바이 택시, 쌔옴

베트남에는 쌔옴(xe ôm)이라
불리는 오토바이 택시가 있습니다.
그랩(Grab) 앱으로 차뿐만 아니라
쌔옴도 이용 가능합니다.

100

Tip. 그랩 앱 사용하기

그랩 앱으로 쌔옴을 예약하면 운전
기사가 손님의 예약 여부와 위치를 정확히
파악하기 위해 전화를 걸기도 합니다.
그랩 앱에 문자 메시지 기능이 있으니
기사에게 문자로 주소를 보내도 됩니다.

T: 잘 안 들려요. / H: 210번지요.

T: 이해했어요. 잠시만 기다리세요.

T: 대성당 가시는 것 맞죠? /
H: 네, 맞아요.
T: 헬멧 쓰세요.

Tip. 하노이 추천 관광지!
하노이 대성당(nhà thờ Lớn)은
성요셉 성당으로도 불리며, 호안끼엠
호수 근처에 있는 유명한 성당입니다.

지름길로 가 주세요.

Đi đường tắt cho tôi.

디 드엉 딷 쩌 또이.

지름길 아세요?

Anh có biết đường tắt không?

아잉 꺼 비엗 드엉 딷 콤?

길 알려 드릴게요.

Tôi chỉ đường cho.

또이 찌 드엉 쩌.

빨리 가 주세요.

Anh chạy nhanh dùm tôi với.

아잉 짜이 냐잉 줌 또이 버이.

더 빨리 갈 수 있어요?

Anh đi nhanh hơn được không?

아잉 디 냐잉 헌 드억 콤?

조금 어려워요. 지금 차 밀릴 시간(러시아워)이라.

Hơi khó. Bây giờ là giờ cao điểm.

허이 커. 버이 저 라 저 까오 디엠.

H: 다낭 가는 표를 사고 싶어요.

NV: 언제요? / H: 내일 오후 3시쯤이요. (오늘, 모레)   * quầy bán vé

NV: 3시 15분 기차가 있어요.   꾸어이 반 배 매표소

Tip. 베트남 기차 등급

베트남의 기차 좌석은 딱딱한 나무
좌석, 일반 좌석(소프트 시트)과
침대칸으로 나뉩니다. 침대칸은
6인실과 4인실이 있습니다.

NV: 어떤 (좌석) 종류로 사실 거예요? /
H: 소프트 시트요.

NV: 편도요 아니면 왕복이요? /
H: 편도요.

105

Tôi có thẻ sinh viên.
또이 꺼 태 씽 비엔.

Thế được giảm mười phần trăm.
테 드억 잠 므어이 펀 짬.

10%

Giá bao nhiêu?
자 바오 니에우?

Chín trăm năm mươi bảy nghìn đồng ạ.
찐 짬 남 므어이 바이 응인 돔 아.

957.000₫

Cho tôi một vé.
쩌 또이 몯 배.

H: 학생증이 있어요. / **NV:** 그러면 10% 할인됩니다.

H: 얼마예요? / **NV:** 95만 7천 동입니다.

H: 한 장 주세요.

+ 추가 표현 +

➜ 베트남 기차 좌석 종류

_ **ghế cứng** 게 끙 나무 좌석칸
_ **ghế mềm** 게 멤 일반 좌석칸 (소프트 시트)
_ **nằm khoang 6** 남 코앙 싸우 6인실 침대칸
_ **nằm khoang 4** 남 코앙 본 4인실 침대칸

➜ 기차표 온라인 예매 시 유용한 단어

_ **ga đi** 가 디 출발역
_ **ga đến** 가 덴 도착역
_ **ngày đi** 응아이 디 가는 날
_ **ngày về** 응아이 베 오는 날
_ **tìm kiếm** 띰 끼엠 조회하기
_ **toa** 또아 칸 (기차 객실)
_ **chỗ trống** 쪼 쫌 빈자리
_ **chỗ đã đặt** 쪼 다 닽 예약된 좌석
_ **phương thức thanh toán** 프엉 특 타잉 또안 결제 수단

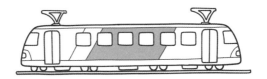

Tôi muốn thuê một chiếc xe máy.
또이 무온 투에 몯 찌엑 쌔 마이.

Cho thuê xe máy

Anh định thuê mấy ngày?
아잉 딩 투에 머이 응아이?

Ba ngày.
바 응아이.

Hợp đồng thuê xe

L: 오토바이 한 대 빌리고 싶어요.
NV: 며칠 빌리실 거예요? / L: 3일이요.

* cho thuê xe máy
  쩌 투에 쌔 마이 오토바이 렌트
  hợp đồng thuê xe
  헙 돔 투에 쌔 렌터카 계약서

108

Anh muốn thuê xe số hay xe tay ga?
아잉 무온 투에 쌔 쏘 하이 쌔 따이 가?

Xe tay ga.
쌔 따이 가.

Một ngày một trăm năm mươi nghìn.
몯 응아이 몯 짬 남 므어이 응인.

Cho tôi xem bằng lái và đưa tôi hộ chiếu.
쩌 또이 쌤 방 라이 바 드어 또이 호 찌에우.

Bằng lái xe quốc tế

대한민국여권
REPUBLIC OF KOREA
PASSPORT

NV: 수동 오토바이 빌리실 거예요
아니면 스쿠터 빌리실 거예요? /
L: 스쿠터요.

NV: 하루에 15만 동입니다.
면허증 보여 주시고 여권 주세요.

Tip. 오토바이 종류

오토바이는 두 종류가 있습니다.
수동 오토바이는 xe số, 스쿠터(자동
오토바이)는 xe tay ga라고 합니다.

109

NV: 기한에 맞춰 반납해 주세요.

L: 오토바이 반납은 어디에서 해요? / NV: 여기에서요.

➜ 오토바이 렌트 계약 시 확인 사항

보험 있어요?

Có bảo hiểm không?

꺼 바오 히엠 콤?

기름 많이 남아 있어요?

Xăng còn nhiều không?

쌍 껀 니에우 콤?

다른 데서 오토바이를 반납해도 돼요?

Trả xe máy ở chỗ khác được không?

짜 쌔 마이 어 쪼 칵 드억 콤?

• Dừng lại

증 라이

정지

• Tốc độ tối đa cho phép

똡 도 또이 다 쩌 팹

제한 속도

• Cấm đỗ xe

껌 도 쌔

주차 금지

• Nơi đỗ xe

너이 도 쌔

주차 구역

• Cấm dừng và đỗ xe

껌 증 바 도 쌔

주정차 금지

• Cấm vượt

껌 브얻

추월 금지

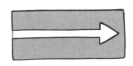

• Cấm đi ngược chiều

껌 디 응으억 찌에우

역주행 금지

• Đường một chiều

드엉 몯 찌에우

일방통행

• Nơi đỗ xe dành cho
người tàn tật

너이 도 쌔 자잉 쩌 응으어이 딴 떧

장애인 전용 주차 구역

• Đi chậm

디 쩜

천천히

• Đoạn đường hay xảy ra tai nạn

도안 드엉 하이 싸이 자 따이 난

교통사고 다발 구간

NV: 얼마나요? / H: 6만(동)이요. (가득)

NV: 시동 끄세요. / H: 네.

+ 추가 표현 +

➜ 주유소 주의 사항

시동 *끄기*

Tắt máy
딷 마이

화기 엄금

Cấm lửa
껌 르어

금연

Cấm hút thuốc
껌 훌 투옥

휴대전화 사용 금지 구역

Khu vực không sử dụng điện thoại
쿠 븍 콤 쓰 줌 디엔 토아이

➜ 종류

_ **xăng** 쌍 휘발유, 가솔린
_ **dầu diesel** 저우 디에젠 경유, 디젤
_ **khí thiên nhiên** 키 티엔 니엔 천연가스

➜ 주유 관련

_ **máy bơm xăng dầu** 마이 범 쌍 저우 주유기
_ **vòi bơm xăng** 버이 범 쌍 주유기 노즐
_ **nắp bình xăng** 납 빙 쌍 주유구 캡
_ **đồng hồ báo nhiên liệu** 돔 호 바오 니엔 리에우 연료 계기판

그랩(Grab) 앱 이용 방법!

- 그랩 앱을 다운로드하여 가입 후 휴대폰 인증을 마치면 사용이 가능합니다.

- 그랩을 이용하려면 한국에서 미리 앱을 설치해 가거나 현지 전화번호가 있으면 됩니다.

- 메인 화면에서 'ô tô 오 또(차)', 'xe máy 쌔 마이(오토바이)' 중 어떤 교통수단을 이용할지 선택합니다.

- 교통수단을 선택하면 지도가 뜹니다.

- 출발 지점과 도착 지점을 검색하여 입력합니다.
  (본인의 위치는 자동으로 잡히긴 하나 가급적 정확한 주소를 입력하는 것이 좋습니다.)

- 가격을 확인하고 'đặt xe 닫 쌔(차량 예약)'를 누릅니다.

- 근처에 있는 기사와 연결됩니다.

- 차량이 확정되면 운전기사와 차량에 대한 정보가 뜹니다.
  (운전기사 사진, 이름, 차량 번호, 색깔, 위치)

- 기사가 주소를 확인하기 위해 손님에게 전화하는 경우가 있습니다.
  주소만 간단하게 말해도 되고, 말이 안 통한다면 문자 보내기 기능이 있으니 문자를 보내세요.

- 차량에 탑승하기 전에는 번호판을 확인합니다.

* 도시(지역)에 따라 사용이 어려운 경우도 있습니다.

* 출퇴근 시간이나 날씨 때문에 교통 사정이 좋지 않은 경우에는 그랩 요금이 일반 택시보다 비싼 경우도 있으니 유의하세요.

베트남에서 길 건너기 팁!

• 수많은 오토바이가 오가는 베트남 도로를 외국인이 건너가기란 쉬운
  일이 아닙니다. 신호등이 있어도 무용지물이거나 신호등조차 없어서
  언제 건너야 할지 감 잡기 어려운 길도 있습니다.

• 베트남에서 길을 건널 때는 오토바이가 오는 방향을 보며 천천히
  걸어가야 합니다. 그러면 운전자가 보행자의 속도를 가늠하여 알아서
  피해 갑니다. 길을 건너다가 무섭다고 갑자기 뒤로 빠져 버리면 오히려
  사고가 날 수 있습니다.

5

여행
Du lịch

NVHB: 안녕하세요. 여권 보여 주세요.

NVHB: 부칠 짐이 몇 개예요? / H: 한 개요.

NVHB: 짐 올려 주세요.

Trong vali, có pin không ạ?
쩜 발리, 꺼 삔 콤 아?

Không.
콤.

Tôi muốn ngồi gần lối đi.
또이 무온 응오이 건 로이 디.

Dạ.
자.

gần cửa sổ
건 끄어 쏘

Tip. 공항 가기 전 체크인

모바일 앱이나 웹에서 미리 항공권을
체크인하면, 공항에서 수하물만 부치면 됩니다.
수하물만 부치는 줄은 따로 있어 대기 시간도
짧습니다. 보통 출발 24시간 전부터 체크인이
가능하고, 좌석 선택도 할 수 있어 좋습니다.

NVHB: 캐리어 안에 배터리
종류 있어요? /
H: 아니요.
H: 복도 쪽으로 앉고 싶어요.
(창가 쪽) / **NVHB:** 네.

Cửa số bảy mươi hai.
끄어 쏘 바이 므어이 하이.

Giờ lên máy bay là mười hai giờ hai mươi.
저 렌 마이 바이 라 므어이 하이 저 하이 므어이.

Chị phải ra cửa ít nhất trước mười lăm phút.
찌 파이 자 끄어 잍 녈 쯔억 므어이 람 풑.

NVHB: 72번 게이트입니다.

NVHB: 탑승 시간은 12시 20분입니다.

NVHB: 적어도 15분 전에는 게이트에 가셔야 합니다.   * cửa 끄어 문

+ 추가 표현 +

➜ 마일리지 & 일행 좌석 확인

마일리지 적립해 주세요.

Cho tôi tích lũy điểm.

쩌 또이 띡 루이 디엠.

붙어 있는 좌석으로 주세요.

Cho tôi hai ghế cạnh nhau.

쩌 또이 하이 게 까잉 냐우.

➜ 항공사 카운터에서 짐 부칠 때

짐이 무게를 초과했어요.

Hành lý quá cước rồi.

하잉 리 꾸아 끄억 조이.

이 짐을 가지고 비행기를 탈 수 있어요?

Tôi có thể mang hành lý này lên máy bay không?

또이 꺼 테 망 하잉 리 나이 렌 마이 바이 콤?

이것은 기내 수하물입니다.

Cái này là hành lý xách tay.

까이 나이 라 하잉 리 싸익 따이.

'파손 주의' 스티커를 붙여 주세요.

Cho tôi dán nhãn "đồ dễ vỡ".

쩌 또이 잔 냔 "도 제 버".

Cho tôi xem thẻ lên máy bay.
쩌 또이 쌤 태 렌 마이 바이.

Chị đi bên này ạ.
찌 디 벤 나이 아.

Cho tôi một cái chăn nữa.
쩌 또이 몯 까이 짠 느어.

dép 잽 /
nút bịt tai /
눋 빋 따이
miếng che mắt /
미엥 째 맏
bàn chải đánh răng
반 짜이 다잉 장

T: 탑승권 보여 주세요.

T: 이쪽으로 가세요.

H: 담요 하나 더 주세요. (슬리퍼, 귀마개, 안대, 칫솔)

124

T: 소고기 드시겠어요 생선 드시겠어요? / H: 네?

T: 소고기요 아니면 생선이요? / H: 소고기요.

T: 음료는요? / H: 물이요.

H: 치워 주세요.

H: 먼저 가세요. / HK: 고마워요.

* nhà vệ sinh 냐 베 씽 화장실
  trống 쫑 비어 있는
  có người 꺼 응으어이 사용 중인
  (사람이 있는)

+ 추가 표현 +

➜ 안전한 비행을 위한 기내 안내 방송

가방을 앞 좌석 밑으로 넣어 주세요.

Vui lòng để hành lý xách tay dưới ghế phía trước.

부이 럼 데 하잉 리 싸익 따이 즈어이 개 피어 쯔억.

좌석 등받이를 세워 주세요.

Vui lòng dựng thẳng lưng ghế.

부이 럼 증 탕 릉 게.

비행기 창문 덮개를 올려 주세요.

Vui lòng nâng tấm che cửa sổ.

부이 럼 넝 떰 째 끄어 쏘.

식탁을 접어 주세요.

Vui lòng gấp bàn ăn.

부이 럼 겁 반 안.

신호에 불이 들어오면 좌석 벨트를 매 주세요.

Vui lòng cài dây an toàn khi đèn hiệu sáng.

부이 럼 까이 저이 안 또안 키 댄 히에우 쌍.

➜ 베트남어로 말하기 힘들 때

한국어 할 줄 아는 직원이 있습니까?

Có nhân viên nói được tiếng Hàn không?

꺼 년 비엔 너이 드억 띠엥 한 콤?

영어 할 줄 아는 직원이 있습니까?

Có nhân viên nói được tiếng Anh không?

꺼 년 비엔 너이 드억 띠엥 안 콤?

Chị đến Việt Nam để làm gì?
찌 덴 비엗 남 데 람 지?

Tôi đi du lịch.
또이 디 주 릭.

công tác
꼼 딱

Chị ở đây trong bao lâu?
찌 어 더이 쩜 바오 러우?

Một tuần.
몯 뚜언.

Cho tôi xem vé máy bay ngày về.
쩌 또이 쌤 배 마이 바이 응아이 베.

Vé điện tử

NVXNC: 베트남 방문 목적이 무엇인가요? / **H:** 여행입니다. (출장)

NVXNC: 얼마나 머무릅니까? / **H:** 일주일이요.

NVXNC: 돌아가는 항공권을 보여 주세요.

* vé điện tử 배 디엔 뜨
E-티켓(전자 항공권)

128

+ 추가 표현 +

➜ 입국 심사에서 받을 수 있는 질문

베트남에 와 본 적 있습니까?

Anh / Chị đến Việt Nam bao giờ chưa?

아잉 / 찌 뗀 비엘 남 바오 저 쯔어?

혼자 여행합니까?

Anh / Chị đi du lịch một mình không?

아잉 / 찌 디 주 릭 몯 밍 콤?

얼마나 머무나요?

Anh / Chị ở đây trong bao lâu?

아잉 / 찌 어 더이 쩜 바오 러우?

어디에 머무나요?

Anh / Chị định lưu trú ở đâu?

아잉 / 찌 딩 르우 쭈 어 더우?

비자가 있습니까?

Anh / Chị có visa chưa?

아잉 / 찌 꺼 비자 쯔어?

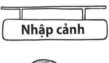

* nhập cảnh 녑 까잉 입국 심사

129

Có gì cần khai báo không?
꺼 지 껀 카이 바오 콤?

Không có ạ.
콤 꺼 아.

Có rượu hay thuốc lá không?
꺼 지에우 하이 투옥 라 콤?

Không có ạ.
콤 꺼 아.

Tip. 입국 마지막 절차, 세관 신고

규정에 따라 신고할 것이 있으면 세관 신고서를 작성하여 제출합니다. 신고 사항이 없으면 그냥 가면 되지만, 세관원이 질문하거나 가방을 열어 달라고 하면 지시에 따라야 합니다.

NV: 신고할 게 있습니까? /
H: 없어요.
NV: 술이나 담배가
     있습니까? / **H:** 없어요.

➜ 세관 또는 검색대에서 받을 수 있는 요청과 질문

세관 신고서를 주세요.

Đưa tôi tờ khai hải quan.

드어 또이 떠 카이 하이 꾸안.

이것들은 무엇을 하기 위해 샀습니까?

Những cái này mua để làm gì?

니응 까이 나이 무어 데 람 지?

이것은 반입 금지입니다.

Cái này không được phép mang vào.

까이 나이 콤 드억 팹 망 바오.

이것은 세금을 내야 합니다.

Cái này phải chịu thuế.

까이 나이 파이 찌우 투에.

가방을 열어 보세요.

Mở hành lý ra.

머 하잉 리 자.

H: 환전하고 싶어요.

NV: 무슨 돈이요? / **H:** 미국 달러요.

NV: 얼마 바꾸실 거예요? / **H:** 200달러요.

* Tỉ giá hôm nay 띠 자 홈 나이
오늘 환율

Cho tôi xem hộ chiếu.
쩌 또이 쌤 호 찌에우.

Ký tên vào đây ạ.
끼 뗀 바오 더이 아.

Bốn triệu sáu trăm nghìn đồng.
본 찌에우 싸우 짬 응인 돔.

4.600.000đ

Chị kiểm tra lại đi.
찌 끼엠 짜 라이 디.

Đủ rồi. Cảm ơn.
두 조이. 깜 언.

10.000đ

NV: 여권 보여 주세요.

NV: 여기에 서명해 주세요.

NV: 460만 동입니다.

NV: 다시 확인하세요. /
H: 맞네요. (충분하네요.) 감사합니다.

Tip. 환전 시 주의 사항

환전 후 금액이 맞는지 확인하고,
훼손된 지폐는 없는지도 반드시
확인합니다.

〈 체크인 〉

Tôi muốn nhận phòng.
또이 무온 년 펌.

Cho tôi xem hộ chiếu.
쩌 또이 쌤 호 찌에우.

Dạ, được rồi.
Anh phải trả trước một triệu tiền đặt cọc.
자, 드억 조이. 아잉 파이 짜 쯔억 못 찌에우 띠엔 닫 껍.

L: 체크인할게요. /
NVLT: 여권 보여 주세요.
NVLT: 됐습니다. 미리 보증금
　　　100만 동을 내셔야 합니다.

Tip. 객실 보증금 (tiền đặt cọc)

체크인할 때 현금이나 카드로 보증금을
요구할 수 있습니다. 체크아웃할 때
돌려받는데, 카드로 결제한 경우 2~3주
뒤 결제 취소를 확인하도록 합니다.

Trả thế nào?
짜 테 나오?

Tiền mặt hoặc thẻ ạ.
띠엔 맏 호악 태 아.

1.000.000đ hoặc

Bữa sáng được phục vụ
từ bảy giờ đến mười giờ.
브어 쌍 드억 푹 부 뜨 바이 저 덴 므어이 저.

07~10h sáng

Khách sạn HARU

Tầng 4

Tầng 3

Tầng 2

Tầng 1

Tầng trệt

Nhà hàng ở tầng trệt.
나 항 어 떵 쩯.

L: 어떻게 계산해요? /
NVLT: 현금이나 카드로요.
NVLT: 아침 식사는 7시부터 10시까지
　　　　제공됩니다.
NVLT: 식당은 1층에 있습니다.

Tip. 2층? Tầng 1!

베트남에서 1층은 tầng trệt
(영어로 ground floor)입니다.
Tầng 1의 해석은 1층인데,
한국식으로 2층을 의미합니다.

Bây giờ bể bơi mở cửa không?
버이 저 베 버이 머 끄어 콤?

Dạ, có.
자, 꺼.

Mở cửa đến mấy giờ?
머 끄어 덴 머이 저?

9 giờ tối ạ.
찐 저 또이 아.

L: 지금 수영장 열려 있어요? /
NVLT: 네.

L: 몇 시까지 열어요? /
NVLT: 밤 9시요.

Tip. 객실 청소를 원하지 않으면?

오전 늦게까지 쉬고 싶다면, 문고리에
'Don't disturb. (Đừng làm phiền,
방해하지 마세요.)' 사인을 걸어
놓으세요. 그러면 청소하지 않습니다.

〈 체크아웃 〉

Tôi muốn trả phòng.
또이 무온 짜 펌.

Đây là hóa đơn của anh ạ.
더이 라 호아 던 꾸어 아잉 아.

Khách sạn

Tổng cộng:

Thẻ chìa khóa

Phí này là gì?
피 나이 라 지?

Đó là phí giặt là.
더 라 피 쟡 라.

phí dịch vụ phòng
피 직 부 펌

L: 체크아웃할게요. / NVLT: 여기 영수증입니다.

L: 이 요금은 뭐예요? /
NVLT: 세탁 서비스 비용입니다. (룸서비스 비용)

* thẻ chìa khóa
태 찌어 코아 카드 열쇠

137

À, hiểu rồi.
Tôi gửi đồ ở đây được không?
아, 히에우 조이. 또이 그이 도 어 더이 드억 콤?

Dạ, được.
Đến khi nào ạ?
자, 드억. 덴 키 나오 아?

Khoảng ba giờ chiều.
코앙 바 저 찌에우.

chiều

Đây là phiếu hành lý ạ.
더이 라 피에우 하잉 리 아.

L: 아, 이해했어요. 여기에 짐 맡길 수 있어요?
NVLT: 네, 언제까지요? / L: 오후 3시 정도요.
NVLT: 여기 수하물표입니다.

* chiều 찌에우 오후

+ 추가 표현 +

➜ 호텔 로비에서

빈방 있나요?

Còn phòng trống không?
껀 펌 쫌 콤?
* phòng trống 빈방

방 먼저 볼 수 있나요?

Tôi xem phòng trước được không?
또이 쌤 펌 쯔억 드억 콤?

몇 시에 체크아웃하나요?

Mấy giờ trả phòng?
머이 저 짜 펌?

조식 포함입니다.

Bao gồm ăn sáng.
바오 곰 안 쌍.

➜ 숙소에서 유용한 단어

_ gọi điện báo thức 거이 디엔 바오 특 모닝콜
_ miễn phí 미엔 피 무료
_ khăn tắm 칸 땀 목욕 수건
_ phòng đôi 펌 도이 2인실
_ phòng hai giường đơn 펌 하이 즈엉 던 트윈룸 (침대 2개)
_ phòng một giường lớn 펌 뫁 즈엉 런 더블룸 (큰 침대 1개)
_ hướng biển 흐엉 비엔 바다쪽
_ hướng thành phố 흐엉 타잉 포 도시(시내)쪽

NV: 안녕하세요, 무엇이 필요하세요? /
H: 시티 투어 있어요?

NV: 오늘이요? / **H:** 아니요, 내일이요.

* Quầy thông tin 꾸어이 통 띤
안내 데스크

140

NV: 일일 투어하시겠어요? / H: 반나절이요.

H: 투어가 몇 시간인가요? / NV: 4시간이요.

H: 언제 출발해요? / NV: 아침 8시나 오후 2시요.

NV: 몇 시 투어를 원하세요? / H: 오후 2시요.

H: 지금 투어를 예약할 수 있나요? / NV: 네.

H: 어디에서 모여요? / NV: 이 사무실 앞에서요.

H: 좋네요!

NV: 이 종이 꼭 가져오세요.

* phiếu thu 피에우 투
  영수증

H: 날씨가 정말 좋아요! / **L:** 그런데 너무 더워요.

L: 우리 선베드 빌리러 가요.

H: 선베드 빌리고 싶은데요. 한 개에 얼마예요? / **NV:** 4만 동이요.

L: 튜브는요? / **NV:** 2만 동이요.

L: 한 개씩 주세요.

L: 어디 가요? / H: 바다에 수영하러 안 가요?
L: 조금 이따가요. 지금은 햇볕이 너무 강해요.

+ 추가 표현 +

➜ 바다에 놀러 가서 쓸 수 있는 표현

저는 수영할 줄 몰라요.

Tôi không biết bơi.

또이 콤 비엗 버이.

스노클링하고 싶어요.

Tôi muốn lặn biển.

또이 무온 란 비엔.

햇볕에 탔어요.

Tôi bị cháy nắng.

또이 비 짜이 낭.

오, 저기 봐요. 패러세일링이에요.

Ồ, nhìn kìa. Dù lượn này.

오, 닌 끼어. 주 르언 나이.

해 보고 싶어요.

Tôi muốn chơi thử.

또이 무온 쩌이 트.

➜ 바다에서 필요한 것들

_ **áo phao** 아오 파오 구명조끼

_ **kính bơi** 낑 버이 물안경

_ **dầu tắm nắng** 저우 땀 낭 선탠 오일

_ **ghế tắm nắng** 게 땀 낭 선베드

_ **ô che nắng** 오 째 낭 파라솔

_ **bộ kính lặn ống thở** 보 낑 란 옴 터 스노클링 마스크

_ **chân vịt bơi** 쩐 빋 버이 오리발

147

Chào chị.
Chị đặt trước chưa ạ?
짜오 찌. 찌 닫 쯔억 쯔어 아?

Chưa.
쯔어.

Chị muốn làm gì ạ?
찌 무온 람 지 아?

Tôi muốn mát xa
toàn thân.
또이 무온 맏 싸 또안 턴.

chân
쩐

NV: 안녕하세요. 예약하셨나요? / H: 아니요.

NV: 무엇을 하시겠어요? / H: 전신 마사지요. (발)

148

NV: 한 시간이요 한 시간 반이요? / H: 한 시간이요.

NV: 저쪽 방에서 옷 갈아입으세요.

NV2: 엎드리세요.

NV2: 아프면 말하세요. / H: 너무 아파요! 약하게 해 주세요. (강하게)

NV2: 이렇게 하면 될까요? / H: 네.

H: 오, 얼굴은 마사지하지 마세요.

NV2: 만족하셨어요? / **H:** 좋아요, 마음에 들어요.

NV2: 이 차 드세요. / **H:** 감사합니다. 이건 팁이에요.

L: 4시 10분 공연 표 하나 주세요. / NV: 매진입니다.

L: 5시 20분은요? / NV: 남아 있어요.

L: 앞줄에 앉고 싶어요.

L: 얼마예요? / NV: 10만 동입니다.

L: 여기에 짐 맡길 수 있어요? / NV: 안 됩니다.

L: 한국어 카탈로그 있어요? / NVSV: 네, 여기요.

L: 지금 들어갈 수 있어요? / NVSV: 아니요. 10분 후에 들어가실 수 있어요.

NVSV: 표 보여 주세요.
NVSV: 위층으로 올라가세요.

L: 실례합니다. 여기 제 좌석인데요. / KG: 그래요? 좌석 몇 번이에요?

L: H7이요. / KG: 여긴 G7이에요.

L: 아, 죄송합니다. / KG: 괜찮아요.

+ 추가 표현 +

➜ 매표소나 안내 데스크에서

인터넷으로 예매했어요.

Tôi đã đặt vé qua mạng.
또아 다 닫 배 꾸아 망.

어른 두 장, 어린이 한 장 주세요.

Cho tôi hai vé người lớn, một vé trẻ em.
쩌 또이 하이 배 응어어이 런, 몯 배 째 앰.

공연 몇 시에 끝나요?

Buổi diễn kết thúc lúc mấy giờ?
부오이 지엔 깯 툽 룹 머이 저?

공연 (시간) 얼마나 하나요?

Biểu diễn trong bao lâu?
비에우 지엔 쩜 바오 러우?

Lối vào

입구 / 출구가 어디예요?

Lối vào / Lối ra ở đâu?
로이 바오 / 로아 자 어 더우?

157

여행 준비물 체크!

- **여권:** 사진이 있는 맨 앞페이지가 펼쳐진 상태로 복사한 사본을 소지합니다. 여권 유효 기간은 최소 6개월 이상 남아 있어야 합니다. 훼손된 여권은 입국 거부될 수 있으니 미리 확인하세요

- **비자:** 여행지에 따라 필요할 수 있으니 미리 확인합니다. 베트남은 무비자로 15일까지 체류 가능합니다. 그 이상은 반드시 비자가 있어야 합니다. 무비자로 베트남을 다녀온 후, 30일 이내에 재입국하는 경우는 무비자 입국이 불가하기 때문에 반드시 비자가 있어야 합니다.

  - 예를 들어, 9월 1일 베트남에 입국하여, 9월 5일 출국 후, 9월 15일 베트남 재입국한다면, 30일 이내에 재입국하는 경우이므로, 비자를 미리 받고 입국해야 합니다.

  - 무비자로 입국한 경우 베트남 현지에서 비자 연장 또는 변경이 불가합니다.

  - 한국에서 비자를 신청하면 주한 베트남 대사관의 심사를 거쳐 발급 받게 됩니다.

  - 대행사를 통해 초청장만 미리 받고 베트남에 도착한 후 공항에서 나머지 서류를 작성하여 받을 수 있는 **도착 비자**도 있습니다.

- **이티켓:** 입국 심사에 대비하여 티켓을 출력합니다.

- **여권 맨 앞장 사본** 및 **증명사진:** 여권 분실 및 기타 필요한 경우에 대비합니다.

- **달러** 또는 **현지 통화:** 인터넷이나 은행, 공항에서 환전합니다.

- **신용 카드·체크 카드:** 해외 사용이 가능한지 확인합니다.

- **심카드·포켓 와이파이:** 한국에서 미리 살 수도 있습니다.

- **예약 바우처:** 숙소, 투어 상품, 공연 등의 예약 확인증을 출력합니다.

- **여행용 멀티탭:** 전자 제품을 여럿 가져가는 경우 유용하게 쓰입니다.

- **여행 관련 앱:** 지도 앱, 택시 앱, 번역 앱 등을 다운받습니다.

- **비상약:** 비상시를 대비해 감기약, 진통제, 소화제, 설사약 정도는 챙기는 것이 좋습니다.

- **기타:** 여행자 보험, 국제운전면허증 등

6

일상 & 응급
Cuộc sống thường ngày & Trường hợp khẩn cấp

〈 편의점에서 〉

Cho tôi thẻ cào Viettel.
쩌 또이 태 까오 비엘 태오.

Bao nhiêu ạ?
바오 니에우 아?

Một trăm nghìn.
몯 짬 응인.

Tổng cộng là một trăm năm mươi hai nghìn đồng.
똥 꼼 라 몯 짬 남 므어이 하이 응인 돔.

L: 비엣텔 충전 카드 주세요. /
N: 얼마요?

L: 10만 동이요. /
N: 총 15만 2천 동입니다.

Tip. 휴대폰 요금 충전

베트남에서는 주로 선불 충전을 하는데, 선불 충전 카드는 'thẻ cào 태 까오'라고 합니다. 편의점이나 잡화점 등에서 구매 가능합니다.

〈 마트에서 〉

Hoa quả nhìn không tươi.
호아 꾸아 닌 콤 뜨어이.

Ồ! Bánh mì nè!
오! 바잉 미 내!

trứng gà 쯩 가 /
pho mát 퍼 맏 /
sữa tươi 쓰어 뜨어이

Mua một tặng một.
무어 몯 땅 몯.

H: 과일이 신선해 보이지 않네.

H: 와! 빵이다! (계란, 치즈, 우유)

H: 1+1이다.

N: 멤버십 카드 있어요? / H: 아니요.

H: 이거 두 번 계산했어요. / N: 오! 다시 계산해 드릴게요.

* hủy 후이
  취소

→ 식품 매장에서

유통 기한을 못 찾겠어요.

Tôi không thấy ghi hạn sử dụng.

또이 콤 터이 기 한 쓰 줌.

→ 계산대에서

잔돈 2천 동 있으세요?

Có hai nghìn lẻ không ạ?

꺼 하이 응인 래 콤 아?

저기요, 만 동 모자라요. (거스름돈을 덜 받았을 때)

Em ơi, còn thiếu 10.000 đồng.

앰 어이, 껀 티에우 므어이 응인 돔.

영수증 주세요.

Cho tôi hóa đơn.

쩌 또이 호아 던.

비닐 / 종이 봉투 하나 더 주세요.

Cho tôi một cái túi ni lông / túi giấy nữa.

쩌 또이 몯 까이 뚜이 니 롬 / 뚜이 저이 느어.

따로 포장해 주세요.

Gói riêng dùm tôi.

거이 지엥 줌 또이.

〈 과일 〉

Có xoài chín không?
꺼 쏘아이 찐 콤?

Có ạ.
꺼 아.

Bao nhiêu?
바오 니에우?

Một quả mười lăm nghìn ạ.
못 꾸아 므어이 람 응인 아.

15.000₫

H: 익은 망고 있어요? / N: 네.
H: 얼마예요? /
N: 한 개에 15,000(동)이에요.

Tip. 망고와 소금

베트남 사람들은 한국인이 선호하는 익은
망고보다 덜 익은 그린 망고를 주로 먹습니다.
그린 망고는 xoài xanh 쏘아이 싸잉이라고 하며
소금과 고춧가루를 섞은 muối ớt 무오이 얻에
찍어 먹어요.

H: 두 개 주세요. / N: 더 필요한 거 있어요?

H: 망고스틴 1킬로그램에 얼마예요? /
N: 5만(동)이요.

Tip. 과일의 여왕, 망고스틴

베트남에서 저렴하게
사 먹을 수 있는 망고스틴은
4~6월이 제철입니다.

〈 건과일 〉

N: 뭐 사실 거예요? / H: 말린 망고요.
N: 드셔 보세요. / H: 엄청 맛있네요.

H: 1킬로그램 주세요. / N: 3만 동 깎아 드릴게요.

H: 조금 더 깎아 주실 수 있어요? / N: 안 돼요.

〈 견과류 〉

Hạt điều để được lâu không?
할 디에우 데 드억 러우 콤?

Khoảng 6 tháng.
코앙 싸우 탕.

Cho tôi hai ký.
쩌 또이 하이 끼.

2kg

Ôi, nặng quá.
오이, 낭 꾸아.

Cho tôi một cái túi nữa.
쩌 또이 몯 까이 뚜이 느어.

H: 캐슈너트 오래 보관할 수 있어요? / N: 6개월 정도요.

H: 2킬로그램 주세요.

H: 아이고, 너무 무겁다.

H: 봉지 하나 더 주세요.

〈 커피 원두 〉

H: 어떤 원두가 더 맛있어요? /
N: 이게 정말 맛있어요.

H: 갈아 주실 수 있어요? / N: 그럼요.

Tip. 원두? 갈아 주세요!

원두를 파는 가게에서는 손님이
요청하면 원두를 갈아 주기도 합니다.

〈 현금자동지급기 사용법 〉

1. Nhập thẻ
   넙 태

→ 2. Lựa chọn ngôn ngữ (Tiếng Việt)
   르어 쩐 응온 응으 (띠엥 비엔)

→ 3. Nhập số PIN
   넙 쏘 삔

→ 4. Lựa chọn giao dịch (rút tiền)
   르어 쩐 자오 직 (줃 띠엔)

→ 5. Chọn số tiền giao dịch (số khác),
   쩐 쏘 띠엔 자오 직 (쏘 칵),

   Nhập số tiền
   넙 쏘 띠엔

→ 6. Quý khách muốn in hóa đơn giao dịch?
   꾸이 카익 무온 인 호아 던 자오 직?

   (Có 꺼 / Không 콤)

Giao dịch đang được xử lý.
자오 직 당 드억 쓰 리.

Không thực hiện được giao dịch.
콤 특 히엔 드억 자오 직.

Xin vui lòng kiểm tra số dư.
씬 부이 럼 끼엠 짜 쏘 즈.

1. 카드 삽입 → 2. 언어 선택 (베트남어) →
3. PIN 번호 입력 → 4. 거래 선택 (출금) →
5. 출금액 선택 (다른 금액), 출금액 입력 →
6. 영수증을 원하십니까? (예 / 아니오)

거래가 처리되고 있습니다.
거래를 진행할 수 없습니다.
잔액을 확인하세요.

H: 맙소사! 무슨 일이야?

H: 침착해. 다른 기계에서 해 보자.

H: 다행이다!

C: 무슨 일이세요? / H: 신고하려고요.

C: 무슨 일이 생겼나요? 말씀하세요. / H: 저는 베트남어를 못해요.

H: 한국어 하는 분 있어요? / **C:** 없어요.
H: 대사관에 연락해 주세요.

Tip. 경찰서에 간다면?
상황을 정확하게 베트남어로
설명하기 어렵다면, 통역이나
대사관에 연락해 달라고 하세요.

+ 추가 표현 +

➜ 누군가에게 신고를 요청할 때

경찰을 불러 주세요.

Gọi cảnh sát giúp tôi với.

거이 까잉 쌑 줍 또이 버이.

➜ 대사관 또는 통역사의 도움이 필요할 때

여권을 잃어버렸어요.

Tôi bị mất hộ chiếu.

또이 비 멀 호 찌에우.

대한민국 대사관에 연락해 주세요.

Liên lạc với đại sứ quán Hàn Quốc giúp tôi.

리엔 락 버이 다이 쓰 꾸안 한 꾸옥 줍 또이.

한국어 통역사를 불러 주세요.

Gọi thông dịch viên tiếng Hàn giúp tôi.

거이 톰 직 비엔 띠엥 한 줍 또이.

Việt

Hàn

➜ 전화기를 쓰고 싶을 때

전화를 하고 싶어요.

Tôi muốn gọi điện.

또이 무온 거이 디엔.

➜ 신고할 때

폭행 사건 신고를 하고 싶은데요.

Tôi muốn khai báo một vụ ẩu đả.

또이 무온 카이 바오 몯 부 어우 다.

_ vụ trộm 부 쫌 도난 사건

_ vụ cướp 부 끄업 강도 사건

_ vụ móc túi 부 멉 뚜이 소매치기 사건

_ vụ tai nạn giao thông 부 따이 난 자오 통 교통사고

_ vụ bỏ trốn sau khi gây tai nạn 부 버 쫀 싸우 키 거이 따이 난 뺑소니

누가 내 가방을 훔쳐 갔어요.

Ai đó ăn trộm túi của tôi.

아이 더 안 쫌 뚜이 꾸어 또이.

Tip. 베트남 병원 이용

L: 의사 선생님을 만나게 해 주세요.
   응급 처치가 필요한 사람이 있어요.

Y: 이 양식을 먼저 작성해 주세요.

베트남에서 여행객들은 보통 큰
병원이나 국제 병원을 이용하는데,
대기 시간이 오래 걸리는 편입니다.
급한 상황에는 바로 응급실로 가는
게 좋고, 여권을 꼭 지참하세요.

178

〈 병원 문진표 〉

1. Tuổi 뚜오이 나이

2. Nhóm máu 냠 마우 혈액형

3. Bệnh mãn tính 베잉 만 띵 만성질환
   _ Cao huyết áp 까오 후이엗 압 고혈압
   _ Tiểu đường 띠에우 드엉 당뇨
   _ Hen suyễn 핸 쑤이엔 천식
   _ Bệnh tim 베잉 띰 심장병
   _ v.v. (vân vân) 번 번 기타

4. Chỉ dành cho phụ nữ 찌 자잉 쩌 푸 느 여성인 경우만
   Mang thai 망 타이 (Có 꺼 / Không 콤)
   임신 중 (네 / 아니요)

5. Hiện tại có đang uống thuốc nào không?
   히엔 따이 꺼 당 우옹 투옥 나오 콤?
   현재 복용하는 약이 있습니까?
   (Có 꺼 / Không 콤) (네 / 아니요)

6. Nếu trả lời 'có' thì ghi cụ thể dưới đây.
   네우 짜 러이 '꺼' 티 기 꾸 테 즈어이 더이.
   '네'라고 답변한 경우, 아래에 구체적으로 적으세요.

L: 괜찮아요? / **H:** 어지러워요.

L: 열 나요? / **H:** 네, 감기 걸린 거 같아요.

D: 하루에 세 번 이 약을 드세요.
L: 누워서 쉬어요. / **H:** 고마워요.

+ 추가 표현 +

➜ 병원에서 유용한 단어

_ mồ hôi 모 호이 땀
  * toát mồ hôi 또앋 모 호이 땀을 흘리다
_ ho 허 기침
_ cảm lạnh 깜 라잉 한기
_ nôn 논 / ói 어이 구토
_ tiêu chảy 띠에우 짜이 설사
_ phát ban 팓 반 발진
_ máu 마우 피
_ vết bầm 벧 범 멍
_ huyết áp 후이엗 압 혈압
_ tê liệt 떼 리엗 마비
_ phẫu thuật 퍼우 투얻 수술
_ tiêm 띠엠 / chích 찍 주사

➜ 약국에서 유용한 단어

_ thuốc giảm đau 투옥 잠 다우 진통제
_ thuốc hạ sốt 투옥 하 쏟 해열제
_ thuốc tiêu hóa 투옥 띠에우 호아 소화제
_ thuốc tiêu chảy 투옥 띠에우 짜이 지사제
_ thuốc chống nôn 투옥 쫑 논 멀미약
_ thuốc cảm 투옥 깜 감기약
_ thuốc sát trùng 투옥 싿 쭝 소독약
_ kem trị ngứa 깸 찌 응으어 (가려움에 쓰는) 연고
_ băng cá nhân 방 까 년 반창고, 밴드
_ cao dán 까오 잔 파스
_ xịt chống muỗi 씯 쫑 무오이 모기 퇴치 스프레이
_ băng vệ sinh 방 베 씽 생리대
_ đơn thuốc 던 투옥 처방전

➡ 병원 접수대에서

진료를 받고 싶어요.

Tôi muốn khám bệnh.

또이 무온 캄 베잉.

예약을 안 했어요. 지금 진료 가능해요?

Tôi chưa đặt lịch hẹn. Bây giờ tôi khám được không?

또이 쯔어 닫 릭 핸. 버이 저 또이 캄 ᄃ억 콤?

의료 보험 있으세요?

Có bảo hiểm y tế không?

꺼 바오 히엠 이 떼 콤?

➡ 증상 & 통증 정도 말하기

베트남어로 증상을 설명할 수 없어요.

Tôi không thể giải thích triệu chứng bằng tiếng Việt.

또이 콤 테 자이 틱 찌에우 쯩 방 띠엥 비엗.

배가 너무 아파요.

Tôi bị đau bụng quá.

또이 비 다우 붐 꾸아.

_ **mắt** 맏 눈   _ **mũi** 무이 코
_ **tai** 따이 귀   _ **họng** 험 인후
_ **răng** 장 이   _ **chân** 쩐 다리

가벼운 / 심한 통증이요.

Bị đau nhẹ / nặng.

비 다우 내 / 낭.

➜ 약 복용 관련 문의하기

이 약 어떻게 복용해요?

Thuốc này uống thế nào?

투옥 나이 우옹 테 나오?

이 약 먹으면 졸린가요?

Thuốc này có gây buồn ngủ không?

투옥 나이 꺼 거이 부온 응우 콤?

부작용 있나요?

Có tác dụng phụ không?

꺼 딱 줌 푸 콤?

식사 후에 드세요.

Uống sau bữa ăn nhé.

우옹 싸우 브어 안 냬.

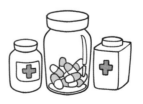

베트남 휴일!

- **새해** (양력설) (Tết dương lịch 뗍 즈엉 릭) **1월 1일**

  베트남도 한국처럼 음력설을 더 의미 있게 생각합니다. 그래도 양력설이
  다가오면 거리마다 신년 준비를 하는 느낌이 물씬 납니다. 하노이나
  호찌민처럼 큰 도시에서는 불꽃 축제가 열리기도 합니다.

- **설날** (음력설) (Tết Nugyên Đán 뗍 응우이엔 단) **음력 1월 1일**

  새해 복 많이 받으세요! (Chúc mừng năm mớ! 쭉 믕 남 머이!).
  음력설은 베트남에서 가장 큰 명절입니다. 베트남 사람들은 짧게는
  일주일부터 길게는 몇 주 동안 설 연휴를 즐깁니다. 한국 설날에
  떡국이 있다면 베트남 설에는 *bánh chưng* 바잉 쯩, *bánh tét* 바잉 땟
  이라는 떡이 빠질 수 없습니다. 어른들은 아이들에게 세뱃돈
  (tiền lì xì 띠엔 리 씨)을 주곤 합니다. 설에는 문을 닫는 가게들이 많으므로
  여행 시 참조하세요.

- **훙브엉 기념일** (ngày giỗ tổ Hùng Vương 응아이 조 또 훔 브엉) **음력 3월 10일**

  베트남의 시조인 훙(Hùng)왕을 기리는 날입니다. 이날 베트남 북부에
  있는 푸터(Phú Thọ)성 비엣 찌(Việt Trì)시에 있는 훙 사원(Đền Hùng 덴 훔)
  에서는 훙왕에 대한 제사 및 축제를 엽니다.

- **남부 해방 기념일** (ngày giải phóng miền Nam 응아이 자이 펌 미엔 남) **–
통일 기념일** (ngày thống nhất đất nước 응아이 톰 녇 덛 느억) **4월 30일
& 노동자의 날** (ngày quốc tế lao động 응아이 꾸옥 떼 라오 돔) **5월 1일**

1975년 4월 30일은 기나긴 베트남 전쟁을 마치고 북남통일을 이룬
날입니다. 남부 해방 기념일이라고 하기도 합니다. 베트남 역사에서
큰 의미가 있는 날입니다. 바로 다음날인 5월 1일은 노동자의 날로
휴일입니다. 공휴일이 연달아 있기 때문에 이 기간에 여행을 많이
가곤 합니다.

- **추석** (Trung thu 쯤 투) **음력 8월 15일**

베트남에서 추석은 한국과 달리 공휴일이 아닙니다. 베트남 추석은
보통 어린이를 위한 날로 여겨집니다. 그래서 부모님들은 아이들을
위해 선물을 준비합니다. 아이들은 추석에 별 모양으로 만든 등불을
들고 놀기도 합니다. 추석에는 월병(bánh Trung thu 바잉 쯤 투)을
먹습니다.

- **독립 기념일**(건국 기념일) (ngày Quốc khánh 응아이 꾸옥 카잉) **9월 2일**

1945년 9월 2일 하노이 바딘(Ba Đình) 광장에서 호찌민 주석이
독립 선언서를 낭독하며 베트남 민주공화국 국가의 탄생을 선포한
날입니다. 한국의 광복절과 같이 의미가 큰 날이라고 볼 수 있습니다.

7

기초 표현
Giao tiếp cơ bản

Chào bạn! Bạn có khỏe không?
짜오 반! 반 꺼 코애 콤?

Khỏe, còn bạn?
코애, 껀 반?

Tôi cũng khỏe.
또이 꿈 코애.

Tip. 안녕하세요!

보통 Chào 뒤에 상대방 호칭을 붙여 인사합니다.
호칭은 나이, 지위 등에 따라 달라지는데,
bạn은 같은 나이, 또래 친구 사이에 쓰는
호칭이며, anh은 상대적으로 연령이 높은 남자,
chị는 연령이 높은 여자를 부를 때 사용합니다.

H: 안녕! 잘 지내고 있어?
L: 잘 지내고 있어, 넌? /
H: 나도 잘 지내.

H: 잘 가. / L: 또 만나.

H: 조심히 가. / L: 연락하자.

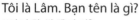

Tôi là Lâm. Bạn tên là gì?
또이 라 럼. 반 뗀 라 지?

Tôi tên là Hiền.
또이 뗀 라 히엔.

Lâm

Hiền

Bạn đến từ nước nào?
반 덴 뜨 느억 나오?

Tôi đến từ Hàn Quốc.
또이 덴 뜨 한 꾸옥.

Bạn bao nhiêu tuổi?
반 바오 니에우 뚜오이?

Tôi 23 tuổi.
또이 하이 므어이 바 뚜오이.

L: 저는 럼입니다. 이름이 뭐예요? /
H: 제 이름은 히엔입니다.

L: 어느 나라에서 왔어요? /
H: 한국에서 왔어요.

L: 몇 살이에요? / H: 23살이에요.

Tip. 몇 살이에요?

베트남어에서는 상대의 나이에
따라서도 호칭이 달라지기 때문에,
초면에 나이를 묻기도 합니다.

192

H: 고마워요. / **L:** 천만에요.

H: 너무 감사해요. / **L:** 별일 아니에요.

L: 정말 감사합니다. / H: 고맙긴요.

H: 정말 친절하세요. / L: 과찬이에요.

H: 늦었네요. 미안해요. / **L:** 괜찮아요.

H: 미안해요. 고의는 아니었어요.

L: 죄송해요. / H: 큰일 아니에요.

L: 제 잘못이에요. / H: 걱정하지 마세요.

H: 실례할게요. / L: 잠시만요.

L: 무슨 일이세요? / H: 도와주세요!

L: 저 좀 도와줄 수 있어요? / H: 물론이죠.
L: 다시 말해 줄 수 있어요? / H: 네.

N: 손님, 이 옷은 아주 "bán chạy"해요. / H: bán chạy가 뭐예요?
N: 많은 사람들이 좋아하고 산다는 거예요. / H: 이해했어요.

N: 하나밖에 안 남았어요.

H: 진짜예요? / N: 진짜예요.

H: 그러면 이거 주세요.

네! / 재밌다! / 대박. / 완벽해. / 좋아!

아니요! / 세상에! / 끔찍해! / 젠장! / 조용히 해!

[숫자 Con số]

1	2	3	4	5
một	hai	ba	bốn	năm
몯	하이	바	본	남

6	7	8	9	10
sáu	bảy	tám	chín	mười
싸우	바이	땀	찐	므어이

11	12	13	14	15
mười một	mười hai	mười ba	mười bốn	mười lăm
므어이 몯	므어이 하이	므어이 바	므어이 본	므어이 람

70	80	90	100	1.000
bảy mươi	tám mươi	chín mươi	một trăm	một nghìn/
바이 므어이	땀 므어이	찐 므어이	몯 짬	몯 응인
				một ngàn
				몯 응안

Tip. 베트남어 숫자와 관련하여 다음을 기억하세요.
* 11~19 : mười + 숫자
* 20~99 : 숫자 + mươi + 숫자
  예를 들어 23은 hai mươi ba입니다.
* 20부터 '십'은 mười가 아니라 mươi입니다.
* 21, 31, 41... 91의 1은 một이 아닌 mốt을 사용합니다.
* 15, 25, 35... 95의 5는 năm이 아닌 lăm을 씁니다.

첫 번째	두 번째	세 번째	네 번째	다섯 번째
thứ nhất	thứ hai	thứ ba	thứ tư	thứ năm
트 녇	트 하이	트 바	트 뜨	트 남

Tip. 서수는 'thứ + 숫자'를 붙이면 됩니다. 다만 '첫 번째'는 thứ một이 아닌 thứ nhất, '네 번째'는 thứ bốn이 아닌 thứ tư입니다.

[베트남 화폐 Tiền tệ Việt Nam]

• 베트남 화폐 단위: đồng 돔 / VND

50만 동	20만 동	10만 동
500.000 đồng	200.000 đồng	100.000 đồng
남 짬 응인 돔	하이 짬 응인 돔	몯 짬 응인 돔
5만 동	2만 동	1만 동
50.000 đồng	20.000 đồng	10.000 đồng
남 므어이 응인 돔	하이 므어이 응인 돔	므어이 응인 돔
5천 동	2천 동	1천 동
5.000 đồng	2.000 đồng	1.000 đồng
남 응인 돔	하이 응인 돔	몯 응인 돔
500동	200동	
500 đồng	200 đồng	
남 짬 돔	하이 짬 돔	

Tip. 동전은 몇 년 전에 발행이 중단되어 현재는 지폐만 사용하며, 주로 1천 동부터
사용합니다. 모든 베트남 지폐에는 베트남의 국부인 호찌민 주석의 얼굴이
그려져 있습니다. 50만 동과 2만 동은 색깔이 비슷하기 때문에 돈을 주고받을
때 주의해야 합니다.

[날짜 Ngày tháng]

일요일	월요일	화요일	수요일
chủ nhật 쭈 녇	thứ hai 트 하이	thứ ba 트 바	thứ tư 트 뜨
	목요일	금요일	토요일
	thứ năm 트 남	thứ sáu 트 싸우	thứ bảy 트 바이

1월	2월	3월	4월
tháng một 탕 몯	tháng hai 탕 하이	tháng ba 탕 바	tháng tư 탕 뜨
5월	6월	7월	8월
tháng năm 탕 남	tháng sáu 탕 싸우	tháng bảy 탕 바이	tháng tám 탕 땀
9월	10월	11월	12월
tháng chín 탕 찐	tháng mười 탕 므어이	tháng mười một 탕 므어이 몯	tháng mười hai 탕 므어이 하이

[**시간** Thời gian]

몇 시입니까?
Bây giờ là mấy giờ?
버이 저 라 머이 저?

• 시 giờ 저, 분 phút 풋

2:00
Hai giờ.
하이 저.

2:10
Hai giờ mười phút.
하이 저 므어이 풋.

2:30
Hai giờ ba mươi phút.
하이 저 바 므어이 풋.

= **Hai giờ rưỡi.** (2시 반)
하이 저 즈어이.

2:50
Hai giờ năm mươi phút.
하이 저 남 므어이 풋.

= **Ba giờ kém mười phút.** (3시 10분 전)
바 저 깸 므어이 풋.

Tip. 베트남에서는 시간을 말할 때 오전인지 오후인지 정확하게 표현하는 편입니다.
• 2 giờ sáng 하이 저 쌍 새벽 2시
• 2 giờ chiều 하이 저 찌에우 오후 2시

복습하기

03 # Ở cửa hàng ăn nhanh p. 24

NV: Dùng gì ạ? / L: Một burger pho mát.

NV: Anh dùng combo không? / L: Không.

NV: Uống gì ạ? / L: Một cô ca.

NV: Dùng đồ ăn kèm không ạ? / L: Một bánh táo nướng.

NV: Chờ mười lăm phút ạ. / L: Được rồi.

NV: Ăn ở đây hay mang về ạ? / L: Ở đây.

NV: Của anh là sáu mươi lăm nghìn. / L: Trả thẻ nhé.

NV: Anh tự lấy nước uống nhé.

04 # Gọi phở p. 28

H: Em ơi, cho menu. / NV: Dạ, đây ạ.

NV: Dùng gì ạ? / H: Một phở bò chín.

NV: Uống gì ạ? / H: Một trà đá.

NV: Đây ạ. / H: Cảm ơn.

NV: Đặt trước chưa ạ? / H: Chưa.

NV: Bây giờ hết chỗ rồi ạ.

H: Bây giờ cho tôi đăng ký.

NV: Ngồi trong nhà hay ngoài trời ạ? / H: Ngoài trời.

H: Đợi lâu không? / NV: Khoảng ba mươi phút ạ.

L: Bán cho tôi một sim điện thoại. / N: Mạng nào ạ?

L: Viettel. Có gói nào dùng được năm ngày không ạ? /

N: Gói này thế nào ạ? Data, gọi điện, nhắn tin không giới hạn.

L: Bao nhiêu tiền? / N: Hai trăm chín mươi nghìn.

L: Cho tôi cái này. / N: Dạ, cho tôi xem hộ chiếu.

11 # Chụp ảnh

p. 58

H: Anh chụp giúp tôi được không ạ? / N: Dạ, được.

H: Tôi muốn chụp với cảnh này. / N: Biết rồi.

H: Ảnh này hơi mờ.

H: Chụp lại giúp tôi nhé. / N: Được rồi.

H: Cảm ơn nhiều.

12 # Gọi điện

p. 62

L: A lô, ai đấy? / H: Hiền đây.

L: Ô, số điện thoại của bạn à? / H: Đúng rồi. Tôi mới đổi số rồi.

13 # Mượn cục sạc p. 64

H: Sắp hết pin rồi.

H: Bạn có cục sạc không? / L: Có.

H: Ở đây có ổ cắm không? / L: Ở đằng kia.

L: Có ba cuộc gọi nhỡ. Bây giờ tôi phải đi.

H: Ô, tôi trả lại cái này làm sao? / L: Nhắn tin đi.

14 # Dùng Google Maps p. 66

H: Lạc đường rồi.

H: Xin lỗi chị, chợ ở đâu ạ? / N: Tôi cũng lần đầu đến đây.

N: Khoan đã. Ô, ở gần đây. / H: Thế à? May thế!

N: Em đi thẳng đến ngã tư.

N: Sau đó, rẽ trái.

15 # Ở cửa hàng quần áo p. 72

NV: Chào chị. Chị cần gì ạ? / H: Cứ để tôi ngắm.

H: Áo này có màu trắng không? / NV: Dạ, cỡ nào ạ?

H: Cỡ M.

H: Mặc thử được không? / NV: Được chứ.

H: Phòng thay đồ ở đâu? / NV: Chị qua bên này.

16 # Ở cửa hàng giày dép p. 74

NV: Anh đang tìm gì ạ? / L: Tôi đang tìm giày sneaker.

NV: Mẫu này thế nào ạ? / L: Ồ, tôi thích đôi này.

L: Cho tôi thử đôi bốn mươi ba được không? /

NV: Xin lỗi, không có cỡ đó.

NV: Cỡ bốn mươi hai thì sao ạ?

L: Vừa rồi.

17 # Ở cửa hàng mỹ phẩm p. 76

H: Tôi muốn mua nước hoa hồng.

H: Cái nào bán chạy nhất? / NV: Cái này ạ.

H: Hợp với da dầu không? / NV: Dạ, hàng này dành cho mọi loại da ạ.

H: Tôi dùng thử được không? /

NV: Dạ, chị dùng thử hàng mẫu này nhé.

NV: Chị thấy sao ạ? / H: Hơi nhờn.

18 # Tại quầy thu ngân p. 80

H: Quầy thu ngân ở đâu? / NV: Ở tầng dưới ạ.

NV2: Tổng cộng là tám trăm năm mươi bốn nghìn đồng.

H: Giá này giảm rồi phải không? / NV2: Dạ, đúng rồi ạ.

NV2: Nhập mật khẩu thẻ ạ.

NV2: Ký vào đây ạ.

NV2: Hóa đơn đây ạ.

19 # Hoàn thuế p. 82

H: Tôi có thể được hoàn thuế không? / NV: Dạ, cho tôi xem hộ chiếu.

NV: Đây là đơn xin hoàn thuế. Điền vào đơn này rồi đưa ra sân bay nhé.

20 # Đổi hàng và Hoàn tiền p. 84

L: Tôi muốn hoàn tiền.

NV: Có hóa đơn không ạ? / L: Dạ, đây.

NV: Ô, đây là hàng giảm giá.

NV: Xin lỗi, không thể hoàn tiền lại được.

L: Hàng này bị lỗi. / NV: Ừm…

L: Tôi muốn đổi hàng.

NV: Thế anh lấy cái khác đi. / L: Cảm ơn.

21 # **Dịch vụ mua sắm trực tuyến** p. 88

Chào anh / chị.

Tôi là Hiền. Mã đặt hàng của tôi là 12345.

Hàng của tôi bị hư hỏng.

Tôi muốn trả hàng và hoàn tiền.

Tôi có gửi kèm ảnh.

Sau khi kiểm tra hàng, làm ơn liên lạc lại giúp tôi.

Mong thư hồi âm.

Cảm ơn.

Hiền.

22 # **Đi xe buýt** p. 94

H: Trạm xe buýt 34 ở đâu ạ? / N: Đi qua hai dãy nhà là đến.

H: Có xa không ạ? / N: Không xa đâu.

H: Hướng này ạ? / N: Đúng rồi.

H: Xe buýt này vào trung tâm thành phố phải không? /

NV: Dạ, vâng ạ.

H: Bao nhiêu một vé? / NV: Sáu nghìn ạ.

H: Còn mấy trạm nữa thì đến hồ Hoàn Kiếm? / NV: Ba trạm.

H: Trạm ghé.

23 # Đi tắc xi p. 98

T: Anh đi đâu? / L: Hồ Hoàn Kiếm.

T: Thắt dây an toàn vào.

L: Tắc đường rồi!

L: Đến đó mất bao lâu ạ? / T: Khoảng hai mươi phút.

L: Dừng ở đây.

L: Anh giữ tiền thừa đi.

24 # Đặt xe ôm p. 100

H: A lô. / T: Chị đặt Grab xe máy đúng không? / H: Dạ.

T: Số mấy Hai Bà Trưng? / H: Hai trăm mười.

T: Tôi không nghe rõ. / H: Số hai trăm mười.

T: Tôi hiểu rồi. Đợi chút.

T: Đi nhà thờ Lớn phải không? / H: Dạ, phải.

T: Chị đội mũ đi.

25 # Mua vé tàu hỏa p. 104

H: Tôi muốn mua vé đi Đà Nẵng.

NV: Khi nào ạ? / H: Khoảng ba giờ chiều mai.

NV: Có chuyến ba giờ mười lăm.

NV: Chị muốn mua vé loại nào ạ? / H: Ghế mềm.

NV: Một chiều hay khứ hồi ạ? / H: Một chiều.

H: Tôi có thẻ sinh viên. / NV: Thế được giảm mười phần trăm.

H: Giá bao nhiêu? / NV: Chín trăm năm mươi bảy nghìn đồng ạ.

H: Cho tôi một vé.

26 # Thuê xe máy p. 108

L: Tôi muốn thuê một chiếc xe máy.

NV: Anh định thuê mấy ngày? / L: Ba ngày.

NV: Anh muốn thuê xe số hay xe tay ga? / L: Xe tay ga.

NV: Một ngày một trăm năm mươi nghìn. Cho tôi xem bằng lái và đưa tôi hộ chiếu.

NV: Anh nhớ trả xe đúng hạn nhé.

L: Trả xe ở đâu? / NV: Ở đây.

27 # Ở trạm xăng dầu

p. 114

NV: Bao nhiêu ạ? / H: Sáu mươi nghìn.

NV: Chị tắt máy đi. / H: Dạ.

28 # Sân bay và Hành lý

p. 120

NVHB: Chào chị. Cho tôi xem hộ chiếu.

NVHB: Chị có mấy kiện hành lý ký gửi ạ? / H: Một.

NVHB: Để hành lý lên đi ạ.

NVHB: Trong vali, có pin không ạ? / H: Không.

H: Tôi muốn ngồi gần lối đi. / NVHB: Dạ.

NVHB: Cửa số bảy mươi hai.

NVHB: Giờ lên máy bay là mười hai giờ hai mươi.

NVHB: Chị phải ra cửa ít nhất trước mười lăm phút.

222

NV: Có gì cần khai báo không? / H: Không có ạ.

NV: Có rượu hay thuốc lá không? / H: Không có ạ.

H: Tôi muốn đổi tiền.

NV: Tiền gì ạ? / H: Đô la Mỹ.

NV: Đổi bao nhiêu ạ? / H: Hai trăm đô la.

NV: Cho tôi xem hộ chiếu.

NV: Ký tên vào đây ạ.

NV: Bốn triệu sáu trăm nghìn đồng.

NV: Chị kiểm tra lại đi. / H: Đủ rồi. Cảm ơn.

L: Tôi muốn nhận phòng. / NVLT: Cho tôi xem hộ chiếu.

NVLT: Dạ, được rồi. Anh phải trả trước một triệu tiền đặt cọc.

L: Trả thế nào? / NVLT: Tiền mặt hoặc thẻ ạ.

NVLT: Bữa sáng được phục vụ từ bảy giờ đến mười giờ.

NVLT: Nhà hàng ở tầng trệt.

L: Bây giờ bể bơi mở cửa không? / NVLT: Dạ, có.

L: Mở cửa đến mấy giờ? / NVLT: 9 giờ tối ạ.

L: Tôi muốn trả phòng. / NVLT: Đây là hóa đơn của anh ạ.

L: Phí này là gì? / NVLT: Đó là phí giặt là.

L: À, hiểu rồi. Tôi gửi đồ ở đây được không?

NVLT: Dạ, được. Đến khi nào ạ? / L: Khoảng ba giờ chiều.

NVLT: Đây là phiếu hành lý ạ.

NV: Chào chị, chị cần gì ạ? / H: Có tour thăm quan thành phố không?

NV: Hôm nay ạ? / H: Không, ngày mai.

NV: Chị muốn mua tour một ngày không ạ? / H: Nửa ngày.

H: Đi tour trong mấy tiếng? / NV: 4 tiếng ạ.

H: Khi nào xuất phát? / NV: 8 giờ sáng hoặc 2 giờ chiều.

NV: Chị muốn tour mấy giờ ạ? / H: 2 giờ chiều.

H: Bây giờ tôi đặt tour được không? / NV: Dạ.

H: Tập trung ở đâu? / NV: Phía trước văn phòng này ạ.

H: Tốt!

NV: Chị phải mang theo phiếu này nhé.

35 # Ở bãi biển p. 144

H: Trời đẹp quá! / L: Nhưng mà nóng quá.

L: Chúng ta đi thuê ghế tắm nắng đi.

H: Tôi muốn thuê ghế tắm nắng. Một ghế bao nhiêu tiền? /

NV: Bốn mươi nghìn đồng ạ.

L: Còn phao bơi thì sao? / NV: Hai mươi nghìn đồng ạ.

L: Cho tôi mỗi loại một cái.

L: Đi đâu đấy? / H: Bạn không đi tắm biển hả?

L: Lát nữa. Bây giờ nắng quá.

36 # Ở tiệm mát xa p. 148

NV: Chào chị. Chị đặt trước chưa ạ? / H: Chưa.

NV: Chị muốn làm gì ạ? / H: Tôi muốn mát xa toàn thân.

NV: 1 tiếng hay là 1 tiếng rưỡi ạ? / H: 1 tiếng.

NV: Chị thay đồ ở phòng kia nhé.

NV2: Chị nằm sấp xuống.

NV2: Nếu đau thì chị nói với em nhé. / H: Đau quá! Làm nhẹ tay thôi.

NV2: Thế này được chưa ạ? / H: Được.

H: Ồ, đừng mát xa mặt nhé.

NV2: Chị hài lòng không ạ? / H: Tốt lắm, rất thích.

NV2: Chị uống trà này nhé. / H: Cảm ơn. Đây là tiền boa.

37 # Ở nhà hát p. 152

L: Cho tôi một vé suất 4 giờ 10. / NV: Hết vé rồi ạ.

L: 5 giờ 20 thì sao? / NV: Còn ạ.

L: Tôi muốn ngồi hàng đầu.

L: Giá bao nhiêu? / NV: 100.000 đồng.

L: Tôi gửi đồ ở đây được không? / NV: Dạ, không được ạ.

L: Có ca-ta-lô tiếng Hàn không? / NVSV: Dạ, đây ạ.

L: Bây giờ tôi vào được không? /

NVSV: Dạ, không. 10 phút sau mới vào được.

NVSV: Cho tôi xem vé.

NVSV: Anh đi lên lầu.

L: Xin lỗi, đây là chỗ của tôi. / KG: Thế à? Ghế anh số mấy?

L: H7 ạ. / KG: Đây là G7.

L: Ô, xin lỗi chị. / KG: Không sao.

38 # Ở cửa hàng tiện lợi và Siêu thị p. 162

L: Cho tôi thẻ cào Viettel. / N: Bao nhiêu ạ?

L: Một trăm nghìn. /

N: Tổng cộng là một trăm năm mươi hai nghìn đồng.

H: Hoa quả nhìn không tươi.

H: Ồ! Bánh mì nè!

H: Mua một tặng một.

N: Có thẻ thành viên không ạ? / H: Không có.

H: Em tính cái này hai lần. / N: Ô! Em sẽ tính lại.

H: Có xoài chín không? / N: Có ạ.

H: Bao nhiêu? / N: Một quả mười lăm nghìn ạ.

H: Cho tôi hai quả. / N: Gì nữa không ạ?

H: Măng cụt bao nhiêu một kí? / N: Năm mươi nghìn ạ.

N: Chị mua gì? / H: Xoài sấy dẻo.

N: Chị ăn thử. / H: Ngon lắm.

H: Cho tôi một ký. / N: Bớt cho chị ba mươi nghìn đồng.

H: Bớt một chút nữa được không? / N: Không được.

H: Hạt điều để được lâu không? / N: Khoảng 6 tháng.

H: Cho tôi hai ký.

H: Ôi, nặng quá.

H: Cho tôi một cái túi nữa.

H: Loại cà phê hạt nào ngon hơn? / N: Loại này rất ngon.

H: Anh xay giúp tôi được không? / N: Được chứ.

40 # Đến cây rút tiền p. 172

1. Nhập thẻ

2. Lựa chọn ngôn ngữ (Tiếng Việt)

3. Nhập số PIN

4. Lựa chọn giao dịch (rút tiền)

5. Chọn số tiền giao dịch (số khác), Nhập số tiền

6. Quý khách muốn in hóa đơn giao dịch? (Có / Không)

Giao dịch đang được xử lý.

Không thực hiện được giao dịch.

Xin vui lòng kiểm tra số dư.

H: Trời ơi! Chuyện gì thế này?

H: Bình tĩnh đã. Thử máy khác đi.

H: May quá!

41 # Ở đồn cảnh sát p. 174

C: Có chuyện gì không? / H: Tôi muốn khai báo.

C: Có chuyện gì xảy ra? Chị nói đi. / H: Tôi không nói được tiếng Việt.

H: Có ai nói được tiếng Hàn không? / C: Không có.

H: Liên lạc với đại sứ quán giúp tôi nhé.

42 # Ở bệnh viện p. 178

L: Cho tôi gặp bác sĩ. Có người cần cấp cứu.

Y: Điền vào mẫu này đã.

1. Tuổi

2. Nhóm máu

3. Bệnh mãn tính

_ Cao huyết áp

_ Tiểu đường

_ Hen suyễn

_ Bệnh tim

_ v.v. (vân vân)

4. Chỉ dành cho phụ nữ

   Mang thai (Có / Không)

5. Hiện tại có đang uống thuốc nào không? (Có / Không)

6. Nếu trả lời 'có' thì ghi cụ thể dưới đây.

43 # Ở hiệu thuốc p. 180

L: Có sao không? / H: Tôi bị chóng mặt.

L: Có sốt không? / H: Có, chắc là tôi bị cảm.

L: Từ khi nào? / H: Từ tối qua. / L: Chúng ta đi hiệu thuốc đi.

D: Chào chị, chị bị làm sao? / H: Tôi bị đau đầu.

D: Chị uống thuốc này một ngày 3 lần.

L: Nằm nghỉ đi. / H: Cảm ơn.

44 # **Chào hỏi** p. 190

H: Chào bạn! Bạn có khỏe không?

L: Khỏe, còn bạn? / H: Tôi cũng khỏe.

H: Tạm biệt. / L: Hẹn gặp lại.

H: Về cẩn thận. / L: Giữ liên lạc nhé.

45 # **Giới thiệu** p. 192

L: Tôi là Lâm. Bạn tên là gì? / H: Tôi tên là Hiền.

L: Bạn đến từ nước nào? / H: Tôi đến từ Hàn Quốc.

L: Bạn bao nhiêu tuổi? / H: Tôi 23 tuổi.

H: Bạn làm nghề gì? / L: Tôi là kỹ sư. Còn bạn?

H: Tôi là sinh viên.

46 # **Cảm ơn** p. 194

H: Cảm ơn. / L: Không có gì.

H: Cảm ơn rất nhiều. / L: Chuyện nhỏ thôi.

L: Cảm ơn nhiều. / H: Cảm ơn gì chứ.

H: Bạn tốt bụng quá. / L: Quá khen rồi.

47 # **Xin lỗi** p. 196

H: Tôi đến muộn. Xin lỗi. / L: Không sao.

H: Xin lỗi. Tôi không cố ý.

L: Tôi xin lỗi. / H: Chẳng có gì to tát.

L: Lỗi của tôi. / H: Đừng lo.

48 # **Nhờ** p. 198

H: Xin lỗi. / L: Đợi chút.

L: Có chuyện gì? / H: Giúp tôi với!

L: Bạn giúp tôi một chút được không? / H: Được chứ.

L: Bạn nói lại được không? / H: Được.

49 # **Hỏi và Đáp** p. 200

N: Chị ơi, cái áo này "bán chạy" lắm. / H: Bán chạy là gì?

N: Rất nhiều người thích và mua. / H: Tôi hiểu rồi.

N: Chỉ còn một cái thôi.

H: Thật không? / N: Thật ạ.

H: Thế cho tôi cái này.